전국재의 놀이 백과 시리즈 ❶

옹기종기 오순도순
실내에서 즐기는 놀이 192

전국재의 놀이 백과 시리즈 ❶

옹기종기 오순도순
실내에서
즐기는 놀이 192

글·그림 청소년과 놀이문화연구소 전국재

시그마북스
Sigma Books

전국재의 놀이 백과 시리즈 ❶

옹기종기 오순도순 실내에서 즐기는 놀이 192

발행일 2011년 4월 1일 초판 1쇄 발행
          2019년 6월 3일 초판 3쇄 발행
글·그림 청소년과 놀이문화연구소 전국재
발행인 강학경
발행처 시그마북스
마케팅 정제용
에디터 장민정, 최윤정
디자인 김문배, 최희민

등록번호 제10-965호
주소 서울특별시 영등포구 양평로 22길 21 선유도코오롱디지털타워 A402호
전자우편 sigmabooks@spress.co.kr
홈페이지 http://www.sigmabooks.co.kr
전화 (02) 2062-5288~9
팩시밀리 (02) 323-4197
ISBN 978-89-8445-433-0(04370)
        978-89-8445-432-3(세트)

머리말

내가 청소년에 뜻을 두고 놀이와 캠핑에 대한 연구를 시작한 것이 1970년대 말이었습니다. 그로부터 지금까지 30여 년 동안 일편단심 외길을 걸어온 것이 얼마나 다행스럽고 행복한지 모릅니다. 청소년과 관련하여 놀이, 동아리, 캠핑에 관심을 갖게 된 것은 분명 특별한 축복이요 은혜입니다. 그것은 내가 특별히 잘나서가 아니라 전 일평생 청소년들을 진정으로 사랑하셨고 실제로 헌신하신 아버지로부터 절대적인 영향 때문입니다.

내가 놀이와 캠핑에 대해 연구를 시작하였을 때 가장 힘들었던 점은 레크리에이션과 캠핑 관련 서적이 거의 전무하였다는 데 있었습니다. 기라성 같은 선배들이 왜 기록을 남기지 않았는지 의문스러웠고 한편으로는 안타까웠습니다. 나는 여러 선배들을 직접 찾아가서 자문을 구하기도 하고 도움을 청했습니다. 그러면서 젊은 시절 너무 일에만 몰두하게 되면 고갈되기 쉽고 결국 연구업적을 남길 수 없다는 사실을 깨닫게 되었습니다. 정말 귀한 분들이 많은데 실제로 연구작업, 지도자 양성, 그리고 근거 있는 프로그램을 만들어 내지 못했다는 것이 안타까웠으며 이것이 나에게는 큰 경고가 되었습니다.

그런 깨우침이 지금 나를 이 자리에 이르도록 이끌어주었습니다. 나는 연구·실험 내용을 기록해야 할 필요를 절감했으며, 동시에 청소년 지도자들과 공유해야 한다는 책임감을 강하게 느껴왔습니다. 그런 부담과 의무감이 놀이와 캠핑에 관한 저서를 30여 권 이상 출판하도록 만들어 주었던 것입니다.

이 책은 1994년부터 3년여에 걸쳐 출판했던 『놀이보따리 시리즈(전 10권)』를 증보개정한 것이며, '전국재의 놀이 백과 시리즈' 란 이름으로 주제를 보다 세분하여 총 10권으로 구성하였습니다. 이 책은 지금까지 내가 현장에서 일평생 연구해온 놀이자료들을 총정리한 완결판이라고 할 수 있습니다.

지금 나는 서재에서 머리말을 쓰면서 서가에 빼곡히 꽂혀있는 놀이와 캠핑 서적들을 둘러보고 있습니다. 하나하나마다 특별한 사연을 가진 소중한 책들입니다. 그러면서 '이제는 놀이 매뉴얼 작업에서 손을 놓아야 할 때가 되었구나!' 하는 생각이 절실히 들었습니다. 이런 생각은 이미 오래전부터 하고 있었습니다만 이제는 실행에 옮길 때가 되었다고 생각한 것입니다. 그래서 이 시리즈를 마치기 전에 혼신의 힘을 기울여 수집하고 연구해 온 전문서적과 관련자료들을 후배들에게 모두 물려주기로 결심하였습니다.

그렇다고 내가 모든 일에서 손을 놓겠다는 뜻은 아닙니다. 예전의 주제에 머물고 있다 보면 더 높고 깊은 본질적인 주제로 전진해나갈 수가 없습니다. 이것이 내가 매뉴얼 작업을 그만하기로 결심하게 된 이유입니다. 이제부터는 지금까지 현장에서 청소년에 대해 연구하고 확인한 것들을 통합한 구체적이고 실천적인 대안을 문서로 제시할 것입니다. 이런 점에서 이 시리즈는 지금까지 놀이에 관한 연구를 일단락하는 것인 동시에 새로운 출발을 위한 교두보이기도 합니다.

이 책을 출판하도록 선뜻 결정해 주신 시그마북스 강학경 사장님, 그리고 자칫 가벼워질 수 있는 놀이책의 의미를 살리면서도 산뜻한 편집으로 책의

품격을 한층 높여주신 편집부 직원 분들께 깊은 감사드립니다. 청소년과 놀이문화연구소 동지들의 헌신과 기도에도 감사드립니다. 일평생 나를 후원하고 동역자가 되어준 아내, 청소년을 마음에 품고 미국 유학을 떠난 딸 나오미와 사위 정희성 군, 군에 입대하여 애국의 길을 보여주고 있는 자랑스런 아들 상수리에게 고마움과 사랑을 전합니다.

진리 안에서 자유와 행복한 삶이 무엇인지를 친히 살아가심으로써 놀이 정신을 물려주신 아버지께 이 책을 바칩니다.

도곡리 서재에서 전국재

Contents

6 Chapter

파티 **놀이** 109

7 Chapter

맨 **몸으로** 즐기는 **놀이** 157

놀이에 대한 10가지 입장

이 책에 담겨진 놀이들은 모두 다음의 10가지 신념에 기초하고 있습니다.

하나, 놀이는 자발적으로 참여하는 사람만이 즐길 수가 있습니다.

놀이는 스스로 즐기는 것입니다. 자발적으로 참여한 사람들만이 놀이 안에서 자유, 행복, 기쁨, 즐거움, 이웃과의 감격스런 만남을 경험하게 됩니다. 놀이 지도자는 스스로 즐길 수 있도록 그들에게 동기부여를 하고 놀이거리와 놀이 터를 제공해주는 도움자요 촉진자의 역할을 합니다. 놀이하는 사람은 관람자가 나라 놀이터의 주인공입니다.

둘, 놀이는 사람들과의 참만남, 사귐, 나눔, 섬김, 그리고 돌봄의 기쁨을 선사합니다.

놀이하는 사람들은 모두 이 세상에 하나밖에 없는 특별하고 소중한 존재입니다. 참가자들은 경쟁하거나 비교하지 말고 서로의 다른 점을 즐기고 나눌 수 있어야 합니다. 이 책에서 소개한 놀이들은 모두 비경쟁 협동놀이입니다. 놀이를 즐기면서 참가자들이 진정한 만남, 사귐, 나눔, 섬김, 그리고 돌봄이 이루어질 수 있기를 바랍니다.

셋, 놀이규칙은 엄격히 지켜지고 존중해야 합니다.

규칙이 없고, 있어도 지켜지지 않는 놀이는 아무런 유익이 없습니다. 규칙은 놀이를 구속하는 것이 아니라 참된 즐거움을 가질 수 있도록 도와주고 절제의 미덕을 가르쳐 줍니다. 놀이에서 규칙은 사람들 사이의 진솔한 만남과 사 귐이 이루어지도록 하는 데 반드시 필요한 조건이고 공동의 약속입니다.

넷, 놀이는 그 자체가 목적이 되어야지 의도적이거나 조작적이어서는 안 됩니다.

놀이의 목적은 놀이 자체를 즐기는 데 있습니다. 어린 시절 맘껏 뛰놀면서 자유, 기쁨, 만남, 나눔을 맛본 사람은 이웃과 더불어 사는 기쁨을 누리는 넉넉하고 행복한 사람으로 자라나게 됩니다. 놀이에 어떤 의도적인 목적이 있어서는 안 됩니다. 놀이하는 사람이 제 멋에 따라 맘껏 즐기도록 놓아두면 그때 비로소 놀이가 가진 교육적, 상담적, 치유적인 힘이 강력하게 발휘됩니다.

다섯, 놀이하는 사람들의 내적 동기를 촉진하려면 경쟁이 아니라 협동해야 합니다.

놀이에는 대부분 경쟁적인 요소가 있습니다. 하지만 경쟁이 목적이 되다 보면 의미는 사라지게 되고 이기고 지는 허상만 남게 됩니다. 경쟁은 인간관계에 심각한 손상을 줍니다. 규칙을 인정하고 함께 존중하는 놀이에서는 이기고 지는 것이 크게 문제가 되지 않습니다. 경쟁을 하면서 놀이 규칙을 존중하고 잘 지키면, 사람들은 거기에서 만남과 사귐, 그리고 나눔을 경험하게 됩니다.

여섯, 놀이에서 보상은 독약과 같습니다.

놀이에서 외적 보상은 도움이 되기보다는 오히려 해롭습니다. 이긴 사람(모둠)에게 상을 주는 것은 그보다 훨씬 중요한 내적 동기를 손상시키고 놀이의 본질을 왜곡시킵니다. 보상을 하더라도 타인과 비교하지 않으면서 참가자 개개인의 재능, 특성, 장점을 인식하고 지지하고 촉진하는 방향으로 조심스럽게 적용해야 합니다. 놀이에서 보상은 독약과 다를 바 없습니다.

일곱, 놀이는 결과보다 과정이 더 중요합니다.

일에는 목적이 있으며, 그것을 통해 어떤 성과를 기대합니다. 일은 외부로부터 강요되기도 하고 그 과정에서 고통을 수반하기도 합니다. 이에 반해 놀이는 어떤 목적을 위한 것이 아니라 놀이 자체가 목적이 되고 과정이 더욱 중요합니다. 다른 사람들과 비교당하는 데에서 자유로워지기만 해도 청소년들은 행복해질 수 있습니다. 자기가 직접 자기만의 방법으로 해 볼 수 있도록 지지하고 존중할 때 청소년들은 비로소 제법에 따라 건강하게 성장할 수 있게 됩니다.

여덟, 놀이는 누구나 쉽게 즐기고 지도할 수 있어야 합니다.

놀이는 특별한 재능을 가진 전문가만의 전유물이 되어서는 안 됩니다. 놀이는 모든 사람들이 즐길 수 있고 누구나 지도할 수 있어야 합니다. 나는 지금까지 놀이로 돈벌이를 해서는 안 된다는 신념을 지켜왔습니다. 놀이가 어느 특정한 사람들의 전유물이 되어서는 안 됩니다. 놀이는 모든 사람들의 것입니다.

아홉, 놀이지도자는 참가자들과 함께하는 동반자이며 도움자이고 촉진자입니다.

노자는 "지도자는 국민들이 그가 있는지조차 모를 때 가장 훌륭한 지도자이다. 국민들이 순종하고 그를 환호할 때는 그리 훌륭한 지도자가 아니다. 국민들이 그를 경멸한다면 가장 나쁜 지도자이다. 그러나 훌륭한 지도자는 말도 거의 없이 할 일을 다 하고 목적을 완수했음에도, 오히려 국민들은 모두 우리가 스스로 이 업적을 성취했다고 말할 것이다."(도덕경 19장)라고 하였습니다. 놀이 지도자는 참가자들과 함께 즐기는 동반자이며 그들을 도와주고 후원하고 촉진하는 사람입니다.

열, 놀이는 어린이뿐만 아니라 남녀노소 모두가 함께 어울릴 수 있어야 합니다. 어린이의 마음을 가진 사람이라면 누구나 놀이를 즐길 수 있습니다. 문제는 어린이의 마음을 잃어버린 어른들이 많다는 데 있습니다. 이러한 점에서 이 책에서는 연령층을 엄격하게 구분하지 않고 있습니다. 참가자와 모임의 성격에 알맞은 놀이를 찾고 준비하는 일은 지도자가 감당해야 할 몫입니다.

나는 마음이 병들고 지친 청소년들이 순식간에 놀이세계에 빠져들어 무아지경에서 내면의 진정한 자기를 만나고 건강해져가는 모습을 현장에서 수없이 목격했습니다. 그래서 나이가 들수록 놀이를 대하는 태도가 더욱 진지해져만 갑니다. 놀이야말로 이 나라 청소년들을 살려낼 수 있는 유일하고도 확실한 대안입니다. 놀이는 어린이와 청소년들이 마땅히 누려야 할 권리이고 특권입니다. 놀이는 교육, 상담, 치료보다 훨씬 더 본질적인 가치를 가지고 있습니다. 놀이는 청소년들의 삶 그 자체입니다. 청소년들에게 문제 있어서 병이 들고 문제 청소년이 되는 것이 아닙니다. 청소년들에게서 그들이 마땅히 누려야 할 특권인 놀이, 곧 삶을 부당하게 박탈했기 때문입니다. 사람이 있는, 그래서 사람과 사람이 만나서, 서로를 느끼고 소중히 여기며, 함께 어울려 사귐과 나눔을 가지면서 나를 알아가고 다른 사람들과 더불어 사는 지혜를 키워나가는 그런 신나는 놀이터가 그리워집니다. 이제 그런 신나는 놀이터로 나아가 함께 나아갑시다.

이 책에 담은 놀이들의 특징

이 책을 쓰는 동안 변변치 못한 문장력은 나를 계속 괴롭혀 왔으며 끝내 극복하기 힘든 한계였습니다. 저자의 의도를 명확하게 전달한다는 것이 얼마나 힘든 일인지 모릅니다. 다른 분야와 달리 놀이책은 독자들이 쉽게 이해할 수 있고, 나아가 직접 할 수 있도록 도움이 되어야 하기 때문입니다.

그것은 단순히 표현방법 이상의 과제였습니다. 내가 생각하는 놀이의 의미는 일방적으로 전달하여 가르쳐 줄 수 없는 것들이기에 놀이하는 사람들이 직접 체험하고 느끼고 깨닫고 공유할 수 있도록 해야 했습니다.

이를 극복하기 위해 놀이를 글로 설명하면서 동시에 삽화를 직접 그려 넣었습니다. 글만으로는 충분히 전달할 수 없는 세밀한 느낌을 그림으로 보충하였습니다. 미숙한 솜씨로 그린 삽화지만 밝고, 건전·건강하고, 화목한 놀이를 재현하려고 하였습니다. 이 그림이 어느 정도 도움이 될 수 있기를 기대합니다.

이 책에 담겨진 놀이들은 공통적으로 다음과 같은 특징을 가지고 있습니다.

첫째, 비경쟁 협동놀이들입니다. 이를 위해 기존의 놀이들에 많이 변화를 주었으며 '승리한다', '경쟁한다', '벌을 준다', '제외시킨다', '빠진다' 등과 같은 설명은 없었습니다. 그 대신에 '겨룬다', '누가 이기는지 알아봅시다' 는 식으로 표현하려고 노력하였습니다. 독자들이 생각하는 것 이상으로 오랜 시간이 걸렸고 많이 고민하면서 했던 작업이었습니다. 단지 표현에만 그치는 것이 아니라 놀이 분위기와 성격을 지배할 만큼 중요한 작업이기 때문이었습니다.

둘째, 점수를 매기거나 상을 주는 놀이들은 전혀 없습니다. 놀이는 놀이 자체가 목적이 되어야 합니다. 놀이에 보상이 따르면 놀이하는 사람들은 놀이가 주는 즐거움을 가질 수 없습니다. 단지 이기고 지는 것만 남게 되고 그 보상으로 상품과 외부로부터의 인정이 있게 되는 것이지요. 그런 외적인 보상은 내적 동기intrinsic motivation가 가져다주는 즐거움을 오히려 왜곡시켜버립니다. 그래서 이 책에 소개한 놀이들은 참가자들의 내적 동기가 발현되도록 노력하였습니다. 요즘 청소년들이 놀이를 하기 전에 "이기면 뭐 줘요?"라는 질문을 하게 되는 것도 놀이 자체를 즐기지 못하고 상과 같은 외적 보상만을 기대하기 때문입니다.

셋째, 특별한 놀이기구들이 필요 없는 놀이들이 대부분입니다. 우리 선조들은 놀잇감을 직접 만들어서 놀았습니다. 그런데 이제는 돈으로 놀이를 사지 않으면 놀 수 없는 세상이 되어버렸습니다. 예를 들면 컴퓨터 게임기가 있어야 하고 노래방에 가야만 놀 수 있게 된 것입니다. 이것은 매우 심각한 문제가 아닐 수 없습니다. 예전에는 어린이들이 놀잇감을 직접 만들어 즐기면서 이를 지배하고 관리했었습니다. 지금은 반대로 놀잇감이 어린이를 지배하고 노예로 만들고 있습니다. 더욱 큰 문제는 특정 장소에서 돈을 지불하고 놀잇감을 사야만 하는 게임들은 진정한 의미에서의 놀이가 아니라는 데 있습니다. 놀이가 아닌 거짓 놀이들이 온통 장악하고 있어서 진짜 놀이가 무엇인지 상상조차 하지 못하는 지경이 되어버렸습니다. 그래서 이 책에는 놀이기구 없이도 즐길 수 있고 쉽게 구할 수 있는 놀이기구와 직접 만든 놀잇감으로 즐길 수 있는 놀이들을 담아놓았습니다.

넷째, 누구나 지도할 수 있는 놀이들입니다. 놀이는 우리 모두의 것입니다. 놀이는 누구나 즐길 수 있고, 또한 누구나 지도할 수 있어야 합니다. 놀이를 벌이삼는 레크리에이션 강사들이 적지 않습니다. 놀이가 그런 사람들의 전유물이 되어서는 안 됩니다. 나는 놀이를 특정한 사람이 독점하고 지배해서는 안 된다는 신념으로 이 책을 펴내는 것입니다. 우리는 모두 놀이터에서 주인공이 되어야 합니다. 우리는 각자 놀이의 주인공이 되어 놀이를 주도하고 놀이세계를 함께 만들어 나아가야 합니다.

다섯째, 사람 중심의 놀이입니다. 호이징가는 사람을 호모 루덴스homo ludens, 즉 놀이하는 존재라고 정의하였습니다. 놀이는 사람이 주도하고 창조해 나갑니다. 사람들은 놀이하는 순간 가장 인간다워질 뿐만 아니라 인간다움을 찾아갑니다. 놀잇감이 너무 화려하다거나 놀이 행위 자체에 집중하면 할수록 사람은 위축되고 가려집니다. 놀이가 단순하고 소박해야 하는 이유가 여기에 있습니다. 놀이는 사람이 하는 것이고 사람 때문에 하는 것이고 사람과 사람과의 관계 안에서 실현되는 것입니다. 놀이가 특별한 프로그램이 되어버리면 사람은 놀이터에서 소외되고 대상화 되어버립니다.

필요한 놀이들을 찾고 선정하는 과정

이 책에서는 보다 쉽게 이해할 수 있도록 각각의 놀이마다 참가자들의 연령, 놀이 장소, 집단의 크기, 놀이 대형을 도형으로 표시해 놓았습니다. 이 책에서 소개한 놀이들은 성격에 따라 분류하였으며 각각 고유번호를 가지고 있습니다. 프로그램을 준비할 때 적절한 놀이들을 놀이 성격에 따라 찾아내고 그 놀이의 고유번호를 순서대로 기록해두도록 하십시오.

■ 연령 : 놀이 참가자들의 적정 연령을 엄격하게 규정하지 않았습니다. 그럼에도 연령층을 다음과 같이 표시해 놓았습니다. 유아 ◐, 초등학생 ◑, 중·고등학생 ◐, 성인 ●. 처음의 도표는 제한 연령을 의미하는 것으로 ◐●는 남녀노소 모두 즐길 수 있는 놀이이며, ◑●는 초등학생에서 성인에 이르기까지 모두 할 수 있는 놀이, ◐●는 중·고등학생에서 성인이 할 수 있는 놀이를 의미합니다.

■ 놀이 장소 : 실내 놀이 ♠, 실외 놀이 ☀, 밤에 하는 놀이 ★, 우천 시 놀이 ☂. 실내외에서 모두 할 수 있는 놀이는 ♠☀로, 실외에서 밤중에 하는 놀이는 ☀★으로 표현하였습니다.

■ 집단의 크기 : 소집단은 30명 이하의 집단, 대집단은 30명 이상의 집단으로 구분하고, ▲은 소집단, ▲▲은 대집단으로 표시했습니다. 대부분의 대집단 놀이들은 소집단에서도 할 수 있으며 소집단이라고 해서 반드시 그렇게 해야 하는 것도 아니므로 지도자가 놀이를 잘 이해하고 융통성 있게 창의적으로 활용하도록 하십시오.

■ 놀이 대형 : 교실 대형 ☰, 반원 ◡, 원형 ○, 이어달리기 ⋀⋀, 공터 및 운동장 ◙

단위 놀이에 소요시간을 별도로 제시하지 않았습니다. 모임의 성격과 참가자들의 특성에 따라 다를 수밖에 없으므로 지도자가 상황을 충분히 고려하여 소요시간을 결정해야 합니다. 그리고 준비물과 모둠 형태는 각 놀이마다 일일이 제시해 놓았습니다.

이 책에서 적절한 놀이들을 찾아 선정하는 요령을 예로 들어 설명하겠습니다. 여러분이 중·고등학생 25명이 참가하는 모임에 필요한 실내놀이를 찾는다고 합시다. 그러면 우선 집단을 열기 위한 첫 번째 놀이가 필요한데 그것은 『옹기종기 오순도순 실내에서 즐기는 놀이 192』(놀이 백과 시리즈 ❶)에서 '여는 놀이🏠'를 찾습니다. 그러고 나서 중·고등학생(● 또는 ●●) 25명(소집단 ♠)에 해당되는 놀이들 중에서 선택하는 것입니다. 놀이 대형을 무대 중심으로 정렬할 것인지, 반원, 원형, 이어달리기 대형으로 할 것인지를 결정하면 됩니다. 이렇게 하여 놀이를 필요한 만큼 선정하는데 여분의 놀이들을 몇 개 더 준비하는 것이 좋습니다. 이렇게 정한 놀이들 번호와 준비물들은 수첩에 잘 기록해두십시오.

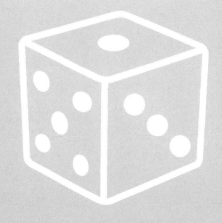

＊

집단 초기에 가지는 놀이를 여는 놀이라고 합니다. 여는 놀이를 영어로는 ice breaking game, mixing game 또는 warm up game이라고 하지요. 모임에 처음 참가하여 낯설고 어색해 하는 참가자들을 도와주기 위한 놀이입니다. 여는 놀이는 얼음처럼 냉랭한 분위기를 녹여주고ice breaking, 어색하고 불편한 관계를 해소하여 마구 섞어놓음으로써mixing, 안전하고 포근하고 기대하는 분위기로 덥혀주는warming up 데 효과적입니다. 여는 놀이는 복잡하거나 어렵지 않고 엉겁결에 따라 하면서 쉽게 빠져들 수 있도록 하는 것이 좋습니다.

동물 농장

준비물 : 인원수만큼의 쪽지, 스카치테이프, 필기도구 **모둠 형태 :** 전체

참가자들이 모임장소에 도착하는 대로 등에 동물 이름이 적힌 쪽지를 붙여줍니다. 본인이 미리 알아도 무방하지만 알려주지 말고 종이와 연필을 하나씩 나누어 주십시오. 참가자들이 모두 도착해 모임이 시작되면 사람들은 돌아다니면서 마주치는 사람들과 인사를 나누면서 그 사람의 이름과 등에 적힌 동물의 이름을 함께 적습니다. 지도자는 적당한 시간에 마치고 참가자들 중 누가 가장 많은 사람들과 인사를 나누었는지 알아봅시다.

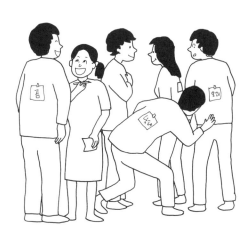

특별한 만남

준비물 : 지시문을 적은 쪽지(인원수만큼) **모둠 형태** : 전체

참가자 전원에게 각각 다른 내용이 적힌 전달문을 한 장씩 나누어 줍니다. 시작이 되면 사람들은 이곳저곳을 돌아다니면서 만나는 사람과 인사를 나눈 다음 가위바위보를 합니다. 이긴 사람은 자기 쪽지에 적힌 내용을 읽어주거나 보여주어서 진 사람이 지시된 내용을 그 자리에서 하도록 합니다. 쪽지의 내용은 다음과 같습니다. "쪼그려 뛰기를 10번 하세요.", "'당신이 얼마나 아름다운지 황홀할 지경입니다.' 라는 말을 큰 목소리로 세 번 외치십시오.", "나를 등에 업고 그 자리에서 열 번 도세요.", "내 오른쪽 볼에 당신의 예쁜 입술로 뽀뽀하십시오.", "내 콧잔등에 빨간 루즈로 루돌프 사슴코를 그려주십시오.", "당신의 가장 예쁜 신체 부분이 어디인지 보여주고 이를 설명해 주십시오." 등의 재미있는 내용들을 여유있게 만들어 놓으십시오. 가위바위보를 해

서 진 사람은 이긴 사람의 명령에 꼼짝 없이 따라해야 하며, 이렇게 마치면 가지고 있던 전달문을 맞바꾸고 헤어집니다. 진 사람은 자기의 전달문을 읽어주지 말고 그대로 맞바꾸면 되지요. 자! 이제 다른 사람들을 찾아가 봅시다.

1-003

사람을 찾습니다

준비물 : 필기도구   **모둠 형태** : 전체

참가자 전원이 큰 원을 그리고 섭니다. 모든 사람들이 종이에 자기 이름을 적고 손에 들고 있도록 합니다. 이제 모두 함께 노래를 부르면서 시계방향으로 돕니다. 그러다가 지도자가 '그만!' 하고 외치면 사람들은 그 자리에 서서 자기 이름이 적힌 종이를 원 안쪽 바닥에 내려놓습니다. 노래를 다시 부르면서 걷다가 노래가 또 그치면 사람들은 앞에 놓여있는 종이를 한 장씩 주워 그 종이의 주인이 누구인지 빨리 찾아내도록 합니다. 이름을 큰 목소리로 외쳐야 쉽게 찾을 수 있습니다. 그러면서 자기를 찾는 사람이 누구인지도 알아내야 하므로 귀 기울여 다른 사람들의 외침소리를 들어보세요. 이렇게 여러 번 하는 동안 참가자들은 서로 만나게 되고 이름을 알아가게 되지요.

1-004

이름 훔쳐보기

준비물 : 인원수만큼의 쪽지, 필기도구　**모둠 형태 :** 전체

한 장씩 나누어 준 종이에다가 각자 크레파스나 매직펜으로 자기 이름을 크게 적습니다. 이때 다른 사람들에게는 절대로 보여주어서는 안 됩니다. 모든 사람들이 자기 이름이 적힌 종이를 등에 붙인 다음, 놀이가 시작되면 다른 사람들의 등에 적혀 있는 이름을 훔쳐보고 다른 종이에 적습니다. 그러면서 자기 이름은 다른 사람들이 볼 수 없도록 감추어야 합니다. 벽에 등을 대고 있

거나 손으로 가리고 있는 것은 반칙입니다. 진행 시간은 지도자가 결정하며 정해진 시간 내에 누가 다른 사람들의 이름을 가장 많이 알아내는지 알아봅 시다. 이미 잘 알고 지내는 사람들의 모임에서는 이름 대신 별명이나 별칭을 사용하면 됩니다.

놀이하는 지혜 이 놀이를 통해서 자기를 감추지 않고 편안하게 드러내는 사람일수록 대인관계 가 원만하다는 사실을 확인할 수 있습니다. 자기를 감추는 사람은 다른 사람들을 만나기가 어렵습 니다. 이 놀이를 하면서 등 뒤의 자기 이름을 다른 사람들이 보든 말든 상관하지 않고 다른 사람들 의 이름을 알아내려고 마구 뛰어다니는 사람은 그만큼 많은 사람들을 만나게 되더라구요. 그러다 보면 다른 사람들도 그 사람의 이름을 쉽게 볼 수 있게 되지요. 자기 이름을 보여주지 않으려고 벽 에 등을 대고 있는 사람은 다른 사람들이 자기 이름을 볼 수 없는 만큼 자기도 다른 사람들의 이 름을 알아내지 못한답니다. 이 놀이를 통해서 나는 자기개방self-disclosure의 의미를 눈으로 목격 하고 있습니다.

1-005

몸으로 얘기해요

준비물 : 없음 **모둠 형태** : 전체

원 안에는 여자들이, 원 밖에는 남자들이 정렬하는데 남녀의 숫자가 같도록 하십시오. 시작이 되면 익히 잘 알고 있는 동요나 가요를 함께 부르면서 여자는 시계 반대방향으로, 남자는 시계 방향으로 돕니다. 지도자가 갑자기 '그만!' 하면서 큰 소리로 신체의 두 부분을 외칩니다. 예를 들면 "발꿈치와 코!", "귀와 어깨!" 하는 식으로 외치면 참가자들은 자기와 가장 가까이 있는 남녀 두 사람이 만나서 지도자가 알려준 신체 부분을 서로 맞대는 것입니다. 이 놀이는 남녀의 스킨십이 자연스럽게 이루어지도록 하여 안전하고 편안하게 사귈 수 있도록 도와줍니다.

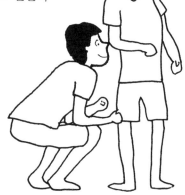

어째 좀 난처하네요

준비물 : 연필, 놀이용지(인원수만큼), 립스틱, 고무밴드   **모둠 형태 :** 전체

집단 초기의 어색한 분위기를 일순간에 없애는데 '어째 좀 난처하네요' 만큼 위력적인 놀이도 드뭅니다. 사람들이 미리 보자 못하도록 놀이용지를 반대로 한번 정도 접어서 참가자들에게 한 장씩 나누어 주십시오. 시작이 되면 참가 자들은 종이에 적힌 과제들을 빨리 풀어오는 것입니다. 과제는 아무 사람이나 붙잡아서 시키거나, 그 사람 앞에서 자기가 하고 그 사람으로부터 확인 사인을 받는 것입니다. 단, 한 사람에게 한 가지 과제만 할 수 있습니다. 지도자가 놀이를 시작하기 전에, 참가자들에게 가장 먼저 마친 사람은 종이에 자기 이름을 적어 지도자에게 가져오라고 알려주면 보다 박진감 넘치는 분위기로 이끌 수 있습니다. 다음 페이지에 소개한 놀이용지는 단지 예일 뿐입니다. 모임과 참가자들의 성격에 따라 재미있는 과제를 직접 만들어서 사용하기 바랍니다.

■ 어째 좀 난처하네요!

1. 남의 신발을 벗겨서 다시 거꾸로 신기십시오.

2. 길이가 15cm 이상 되는 남자의 머리카락 두 가닥을 구해 오십시오.

3. 남자 한 사람에게 다가가서 강제로 팔굽혀펴기를 10회 시키십시오.

4. 바지를 입고 있는 사람의 바지 한쪽을 무릎 위로 걷어 올리십시오.

5. 다른 사람의 등에 올라타고 매미가 되어 "매앰~맴" 하고 열 번 울어 보세요.

6. 남자는 여자의, 여자는 남자의 손을 붙잡고 한쪽 무릎을 굽힌 채 "나는 처음 본 순간 당신을 너무나 사랑하게 되었습니다. 이것이 운명인가요?" 하고 고백(?)한 후 사인을 받아 오십시오.

7. 앉았다가 일어서기를 20회 한 다음 다른 사람으로부터 확인을 받아 오십시오.

8. 셔츠를 입은 사람의 단추를 풀고 한 칸씩 단추를 잘못 끼워 주십시오.

9. 다른 사람 앞에서 옆으로 뒹굴기를 3회 하십시오.

10. 여자는 남자의 뺨에, 남자는 여자의 뺨에 립스틱으로 크게 칠해 주십시오.

11. 가위바위보를 하고 진 사람이 이긴 사람을 업고 10걸음 걸으십시오.

12. 다른 사람과 함께 오리걸음을 10걸음 걸으십시오.

13. 남자의 머리를 고무줄이나 머리핀을 이용하여 여자처럼 치장해 주십시오.

14. 아직 인사를 나누지 못한 10명에게 찾아가서 인사를 나누십시오.

단짝 찾기

준비물 : 놀이용지, 연필(인원수만큼) **모둠 형태** : 전체

참가자들에게 각각 놀이용지 한 장과 연필을 나누어 주고 본인란에 질문 내용을 기록하도록 하십시오. 시작이 되면 항목별로 자기와 같은 사람을 찾아내서 단짝란에 그 사람으로부터 사인을 받아오는 것입니다. 그러므로 조용히 서 있지 말고 큰 소리로 외치면서 바쁘게 돌아다녀야 단짝을 빨리 찾을 수가 있지요. 이렇게 하여 누가 가장 먼저 단짝을 모두 찾는지 알아봅시다. 놀이용지를 서로 보여주고 대조하지 않도록 하세요.

단짝 찾기	본인	단짝
1. 당신이 좋아하는 색깔은 무엇입니까?		
2. 당신의 취미는 무엇입니까?		
3. 당신의 신발사이즈는 얼마입니까?		
4. 당신이 좋아하는 색깔은 무엇입니까?		
5. 당신이 가장 싫어하는 과목은 무엇입니까?		
6. 당신이 좋아하는 계절은 무엇입니까?		
7. 당신이 제일 좋아하는 가수는 누구입니까?		

단짝 찾기	본인	단짝
8. 당신의 몸무게는 얼마입니까?		
9. 당신의 생일은 몇 월에 있습니까?		
10. 당신의 혈액형은 무엇입니까?		
11. 당신의 신체 중 제일 예쁜 곳은 어디입니까?		
12. 당신이 가장 아끼는 물건은 무엇입니까?		
13. 당신이 최근에 본 영화는 무엇입니까?		
14. 당신이 못 먹는 음식은 무엇입니까?		

몸으로 말해요

준비물 : 없음   **모둠 형태 :** 전체

모임에 참가한 사람들이 자신의 직업, 전공 또는 장래 희망을 마임으로 표현해보는 놀이입니다. 전원이 둥글게 둘러앉은 다음 한 사람씩 자리에서 일어나서 말로 설명하지 않고 몸짓(마임)으로 자기의 직업이 무엇인지 표현해 보도록 합니다. 예를 들어 바이올리니스트는 바이올린을 연주하는 모습을, 의사는 수술하는 모습을 몸으로 표현하면 다른 사람들이 그의 직업을 알아맞힐 때까지 계속합니다. 구면인 사람들의 모임에서는 직업 대신에 참가자들의 취미, 특기 등을 알아볼 수 있습니다.

1-009

이름 찾기

준비물 : 필기도구(인원수만큼)　**모둠 형태 :** 전체

참가자들에게 종이와 연필을 하나씩 나누어 주고 같은 방법으로 종이를 접도록 합니다. 네 번 접으면 16칸이 되고, 다섯 번 접으면 32칸이 되므로 인원수에 맞춰서 접습니다. 지도자는 참가자들이 맨 왼쪽 위 칸에 자신의 이름과 별명을 적도록 하고 뿔뿔이 흩어져서 다른 사람들을 찾아다니면서 인사를 나누고 이름과 별명을 알아보고 빈칸에 하나씩 적도록 합니다. 이렇게 하여 참가자들이 최대한 많은 사람들과 인사를 나누도록 하고 마지막에는 둘러앉아서 자기를 소개하는 시간을 가져봅시다.

만나는 기쁨

준비물 : 번호가 적힌 명찰, 인원수만큼의 놀이용지   **모둠 형태 :** 전체

참가자들에게 모임장소에 도착한 순서대로 번호표를 달아줍니다. 모임이 시작되면 지시문을 넣어둔 봉투를 한 장씩 나누어 주고 이를 꺼내 보도록 합니다. 지시문에는 다음과 같은 내용들이 있습니다.

- 1번은 13번과 15번을 찾아가서 함께 '비 내리는 호남선'(어린이인 경우에는 '학교종이 땡땡땡')을 크게 부르십시오.

- 2번은 6번과 10번을 찾아가서 자기를 소개하고 상대방의 오른손 손등에 뽀뽀를 하십시오.

- 3번은 7번, 9번을 찾아가서 그 사람의 생일이 언제인지를 알아본 다음, 1번에게 가서는 그 사람이 현재 연애중인 사람(또는 남편이나 아내, 짝사랑 중인 사람 등)이 있는지를 알아오십시오.

- 4번은 9번과 3번을 찾아가서 직업과 취미에 대해서 알아오십시오.

- 5번은 11번, 16번, 7번과 함께 만나서 인간열차를 만들고 방을 뛰어다니면서 '기찻길 옆 오막살이' 노래를 크게 부르십시오.

이런 방식으로 참가자 전원에게 각기 다른 주문이 적혀있는 지시문을 주고 해당되는 사람을 찾도록 하는데 마구 뒤엉켜있기 때문에 그리 간단하지만은 않습니다. 찾고 있던 사람이 다른 일을 하고 있으면 일단 마칠 때까지 기다리십시오. 본인 쪽지에 적힌 내용을 모두 마치면 다른 사람과 쪽지를 바꿔서 계속 하십시오.

1-011

재잘재잘

준비물 : 없음   **모둠 형태** : 전체

남자는 바깥쪽 원에, 여자는 안쪽 원에 마주보고 섭니다. 음악이 시작되면 남자와 여자들은 서로 반대방향으로 돕니다. 음악이 그치면 그 자리에 서서 앞에 있는 사람과 마주보고 이야기를 나눕니다. 그러다가 노래가 다시 시작되면 다시 돌아서 또 다른 사람과 만나 이야기를 나눕니다. 이렇게 지도자가 매번 이야기 주제를 바꿔 참가자들이 많은 사람과 만나고, 사귈 수 있도록 합시다.

빨리 풀어오세요

준비물 : 놀이용지(모둠 수만큼) **모둠 형태 :** 5~8명으로 구성된 여러 모둠

5~8명씩 모둠을 만들고 모둠별로 놀이용지와 연필을 하나씩 나누어 주십시오. 이때 놀이용지를 봉투에 넣거나 내용이 보이지 않게 접어서 미리 볼 수 없도록 하십시오. 시작이 되면 모둠별로 문제를 신속히 풀어서 가장 먼저 작성한 모둠이 지도자에게 제출하도록 합니다. 가장 먼저 작성한 모둠이 나오면 그 모둠에게 보너스 점수를 1점 주고, 나머지 모둠은 그만 작성하도록 합니다. 그런 다음 지도자가 순서대로 정답을 알려주고 자기 모둠 문제지를 직접 채점하도록 합니다. 문제는 모임장소, 성격 등을 자연스럽게 알게 하는 내용과 넌센스 퀴즈, 참가자들끼리 사귈 수 있도록 동기부여를 해주는 내용들을 적절히 혼합하여 준비합니다. 모둠 구성원들이 순식간에 사귈 수 있는 매우 훌륭한 여는 놀이지요. 이밖에도 예쁜 조약돌을 주워오도록 하거나 쑥을 두세 뿌리 캐오도록 하고 방의 유리창 수를 알아오도록 하는 등 장소와 여건에 따라 재미있게 만들어 보십시오.

■ 빨리 풀어오세요!

1. 이 자리에 참석한 분들은 모두 몇 명입니까?

2. 이곳의 주소와 우편번호, 전화번호를 알아오십시오.

3. 이 강당에는 유리창이 모두 몇 개 있습니까?

4. 살아있는 생물체 하나를 채집해오십시오. 절대로 죽여서는 안 됩니다.

5. 다른 모둠에 있는 남자의 윗도리를 세 벌 강탈해오십시오.

6. 이 건물에 있는 남자 화장실에는 소변기가 모두 몇 개 있습니까?

7. 이 건물 안팎으로 있는 계단이 모두 몇 개인지 알아오십시오.

8. 도투락은 순수한 우리말입니다. 그 뜻이 무엇입니까?

9. '사랑해 당신을'이란 노래에서 '예'자는 모두 몇 번 나옵니까?

10. 2005년과 2006년에 만들어진 100원짜리 동전을 한 개씩 구해오십시오.

11. ○○○의 딸, 아들의 이름을 알아오십시오.

12. 화장실에서 용변을 볼 때에 소변이 먼저 나옵니까, 대변이 먼저 나옵니까?

13. 우리 모둠 친구들 중에서 신체적으로 색다른 특징(예 콧구멍이 세 개 있는 사람)이 있거나 특별한
    재주(예 혓바닥을 내밀어서 코끝에 닿을 수 있는 사람 따위)가 있는 사람을 한 사람씩 찾아보십시오.

14. 우리 모둠 친구들 중에서 남자, 여자를 멋지고 재미있는 부부로 치장해 주세요.

15. 숙소로 올라가는 계단의 수는 몇 개입니까?

16. 이 건물 입구에 계신 수위 아저씨의 성함을 알아 오십시오.

17. 다른 모둠의 남자에게 부탁하여 다리털을 2개 뽑아 오십시오.

1-013

알쏭달쏭

준비물 : 놀이용지(모둠 수만큼), 필기도구   **모둠 형태** : 5~8명으로 구성된 여러 모둠

모둠별로 문제지를 보이지 않게 나누어 주고 신속히 칸을 채우도록 합니다. 가장 먼저 제출하는 모둠에게는 일단 보너스 1점을 주겠다고 알려주십시오. 시작하는 순간 모둠 사람들은 머리를 맞대고 바삐 문제를 풀 것입니다. 이 놀이는 문제를 풀고 난 후가 문제입니다. 제일 먼저 푼 모둠이 나오면 지도자는 문제풀기를 마치도록 하고 정답을 알아봅니다. 여러 가지 대답이 나올 수밖에 없습니다. 즉 첫 번째 문제를 보면 구렁이, 지렁이, 우렁이 등이 있을 것입니다. 지도자는 이때 '정답은 설렁탕입니다' 라고 말해 주십시오. 참가자들은 정말 황당해 하고, 지도자의 농간이라고 비아냥대는 사람도 나오지만 이것이 바로 이 놀이가 가진 매력이랍니다.

□ 렁 □   □ 루 □ 기   □ 글 □ 글

□ 이 □ 이   뽀 □ □   싱 □ 생 □

□ 수 □ 산   지 □ 자   □ 상 □ 리

호 □ 이   □ 랑 □ 비   □ 라질

놀이하는 지혜

　　　　　　'알쏭달쏭'과 같은 퍼즐은 대부분 혼자 하는 놀이입니다. 그런데 이 놀이를 여러 사람들이 함께 풀어 보도록 하면 훌륭한 협동놀이가 된답니다. 지도자의 마음가짐과 성품이 놀이에 그대로 투영되는 모습을 볼 때마다 지도자가 얼마나 중요한 지를 절감하게 됩니다.

정답 구렁이, 지렁이, 우렁이, 설렁탕 / 호루라기, 두루마기, 그루터기 / 부글부글, 싱글생글 / 송이송이, 호이호이 / 뽀뽀뽀, 뽀빠이 / 싱글생글, 싱숭생숭 / 밥상머리, 보상심리, 무상수리 / 금수강산, 산수갑산 / 지도자, 지휘자 / 호랑이, 호돌이 / 호랑나비, 노랑나비 / 브라질, 우라질 중 하나.

1-014

이런 사람을 찾습니다

준비물 : 놀이용지, 필기도구(인원수만큼) **모둠 형태 :** 전체

참가자들을 일일이 찾아다니면서 아래의 사항에 해당하는 사람들을 신속히 발견하여 사인을 받아오는 놀이입니다. 가장 먼저 완성하여 지도자에게 가져 온 사람에게는 보너스로 1점을 준다고 알려주십시오. 조용히 다니다 보면 손해이므로 큰 소리로 외치며 사람들을 찾아다닐 수밖에 없습니다.

■ 이런 사람을 찾습니다

1. 생일이 9월중에 있는 사람

2. 디지털시계를 차고 있는 사람

3. 몸무게가 61~63kg인 사람

4. 하얀 양말을 신고 있는 사람

5. 시력이 0.2~0.3인 사람

6. 현재 열애 중에 있는 사람

7. 엉덩이가 가장 큰 사람

8. 분홍빛 손수건을 갖고 있는 사람

9. 오늘 아침식사를 하지 않은 사람

10. 몸에 큰 점이 있는 사람

11. 갖고 있는 지폐 가운데 일련번호 맨 끝의 숫자가 6인 지폐를 갖고 있는 사람

모자 낚시

준비물 : 모자(인원수만큼)   **모둠 형태 :** 전체

옆 사람과 손을 잡고 둥글게 둘러섭니다. 원 중앙에 자그마한 원을 그리고 모자를 인원수보다 한 개 적게 놓아둡니다. 시작이 되면 사람들은 손을 잡고 노래를 부르며 덩실덩실 춤도 추며 돌다가 노래가 멈추면 원 중앙으로 재빨리 달려가서 모자 한 개를 줍습니다. 모자를 줍지 못한 사람은 자기소개를 하고 다시 시작합니다. 이렇게 하여 모두가 자기소개를 할 때까지 계속해 보세요.

1-016

내 코 내 귀

준비물 : 없음　**모둠 형태 :** 전체

오른손으로 자기 코를 잡고 왼손으로는 자기 오른쪽 귀를 잡도록 합니다. 지도자가 "반대로!" 하면 오른손은 왼쪽 귀를 잡고 왼손은 코를 잡아야 합니다. 지도자가 처음에는 천천히 "반대로!" 하다가 점차 빨라지면서 구령도 "하나, 둘!"로 바꿔 해 봅시다.

놀이하는 지혜　　　　이 놀이를 아주 쉽고도 빨리 할 수 있는 요령을 알려드리겠습니다. 한 손은 귀, 다른 손은 코에 댄 상태에서 양손을 그대로 놓아두고 귀와 코를 잡고 있는 손가락을 살짝 놓은 상태에서 고개만 좌우로 움직이면 됩니다.

머리 어깨 무릎 발

준비물 : 없음　**모둠 형태** : 전체

'머리 어깨 무릎 발'은 남녀노소 모두 즐길 수 있는 놀이입니다. 모든 사람들이 머리 어깨 무릎 발을 해 보고 점점 빠른 속도로 계속 해 봅니다. 이번에는 양옆에 있는 친구의 머리에 양손을 얹도록 하고 자기 머리, 어깨, 무릎, 발을 만지는 것이 아니라 양옆 친구들의 머리, 어깨, 무릎, 발을 만지도록 합니다. 머리, 어깨, 무릎, 발까지는 어느 정도 되지만 귀, 코, 귀 대목에 가서는 옆 사람의 엉뚱한 곳을 더듬을 수밖에 없어서 웃음바다가 됩니다. 지도자가 '입, 눈, 입'이라든가 '눈, 뒤통수, 눈' 하는 식으로 곤란한 주문을 하면 더욱 흥미진진해집니다.

1-018

노래를 그려 보세요

준비물 : 모조지, 크레파스(모둠 수만큼) **모둠 형태 :** 5~8명으로 구성된 여러 모둠

5~8명씩 모둠을 만들고 각 모둠에게 종이 전지와 크레파스(또는 사인펜)를 하나씩 나누어 줍니다. 모둠별로 고유번호를 정하고 각 모둠의 첫 번째 사람이 지도자에게로 모입니다. 지도자는 유행가의 제목을 알려주고 각자 자기 모둠에 돌아가서 이를 말이 아닌 그림으로만 설명하도록 하십시오. 정답을 알아낸 모둠이 나오면, 그림을 그리는 사람을 달리하여 같은 방법으로 계속 해 봅시다.

노래 잇기

준비물 : 없음   **모둠 형태 :** 5~8명으로 구성된 여러 모둠

모둠끼리 모여 앉도록 한 다음 주장 한 사람을 정하도록 합니다. 지도자는 모둠별로 동요 한 가지씩 정하도록 하고 1분 정도 시간을 준 다음 지도자가 지시하는 모둠은 목이 터져라 동요를 부릅니다. 지도자는 아무 때나 신호를 주어서 노래를 중지시킬 수 있고 다른 모둠을 지적하면 그 모둠은 곧바로 동요를 부르는 식으로 계속합니다. 이때 이미 부른 노래를 다시 부른 모둠은 벌점을 받게 됩니다. 동요 부르기가 바닥나면 상업광고 노래나 가요 등으로 바꿔서 계속 해 봅시다.

1-020

어 · 조 · 목

준비물 : 없음 　**모둠 형태 :** 전체

사람들이 둥글게 둘러앉고 지도자가 원 안에서 이리저리 돌아다니면서 한 사람을 지명하여 "어(魚)" 하고 외칩니다. 그러면 그 사람은 물고기의 이름 중에서 한 가지를 셋을 셀 동안 빨리 대답해야 합니다. 즉 "고등어", "붕어" 하는 식으로 이름을 댑니다. 이런 식으로 지도자가 "조(鳥)" 하면 지적당한 사람은 새의 이름을, "목(木)" 하면 나무의 이름을 대야 하는데 이것이 생각처럼 쉽지 않습니다. 뻔히 알고 있으면서도 다물어진 입이 떨어지지 않아서 잡히게 되지요. 잡힌 사람은 술래가 되어 같은 방법으로 계속 해 봅시다. 초등학생들에게는 어 · 조 · 목이라는 한자어 대신 "물고기, 새, 나무"로 바꿔서 하는 것이 좋습니다. 이 놀이는 모둠을 나누어서 즐길 수도 있습니다.

헷갈려

준비물 : 없음 **모둠 형태 :** 전체

참가자 모두 원대형으로 서고 지도자가 앞에 서서 이들에게 다음과 같이 따라해 보도록 합니다. 지도자는 머리를 손바닥으로 대면서 "이것은 내 머리입니다." 하고 말하면 참가자들은 지도자를 따라서 똑같이 합니다. 이런 방식으로 여러 번 반복해 보는데 이렇게 하지 못할 사람들은 아무도 없겠지요. 이번에는 지도자가 손바닥을 머리에 대면서 "이것은 내 머리입니다."라고 할 때, 참가자들은 그대로 따라 해서는 안 됩니다. 참가자들은 전과 같이 "이것은 내 머리입니다."라고 대답하면서, 머리 외에 다른 신체 부분을 손가락으로 가리켜야 하는 것이지요. 쉬울 것 같지요? 천만에요. 처음에는 '이것쯤이야!' 하겠지만, 지도자가 점차 빠른 속도로 하면 실수하는 사람들이 속출하면서 재미를 더해 갈 것입니다.

1-022

마주쳐 봐요

준비물 : 없음 **모둠 형태 :** 전체

참가자 모두 둥글게 둘러 선 다음, 지도자는 참가자들과 함께 노래를 부르다가 갑자기 중단하고 신체의 한 부분과 방 안에 있는 물건이나 부분을 한 가지씩 외칩니다. 예를 들어 지도자가 "엉덩이와 벽" 하고 외치면 그 즉시 사람들은 벽으로 달려가서 엉덩이를 벽에 댑니다. 이때 가장 늦게 한 사람은 잠시 쉬면서 다른 사람들이 하는 것을 보며 즐깁니다. 예를 더 들면, "머리와 방바닥", "코와 문", "이마와 의자", "뒤통수와 방바닥" 등 머리를 짜 보면 별의별 기발한 동작들이 나올 것입니다. 몇 번 하다가 "쉬고 있는 사람의 손과 손" 하고 외치면 쉬고 있는 사람을 살려낼 수 있습니다. 이 놀이는 사람들이 몸을 서로 맞대고 할 수도 있습니다. 즉 "코와 코", "엉덩이와 엉덩이", "이마와 이마", "팔꿈치와 팔꿈치" 등과 같이 몸을 부딪히며 이렇게 정신없이 놀면서 참가자들은 금세 친해지게 된답니다.

철면피

준비물 : 없음   **모둠 형태** : 전체

참가자들 중에서 남자들만 일렬로 세웁니다. 여자들은 온갖 수단을 동원해서 이 사람들을 웃겨야 하는데, 이때 웃음을 참지 못한 남자들은 여자들과 함께 아직 남아 있는 남자들을 웃기는 일에 동참합니다. 누가 웃지 않고 끝까지 살아남는지 알아봅시다.

짝짓기 놀이

나의 반쪽을 찾아라

준비물 : 필기도구 **모둠 형태 :** 전체

속담을 적은 쪽지를 여자들에게 한 장씩 나누어 주고 각자 반으로 찢도록 합니다. 반 조각은 자기가 갖고 나머지 반 조각은 신문지 반 장으로 포장하는데 공처럼 꽁꽁 뭉치도록 합니다. 그런 다음 지도자는 신문지 뭉치를 거두어 방 반대편 책상 위에 놓아두십시오. 지도자가 시작 신호를 알리면 남자들은 책상으로 달려가서 신문지 뭉치를 하나씩 주워 뭉치 안에 들어 있는 반쪽의 조각을 찾아냅니다. 그런 다음 여자들과 찢어진 조각을 일일이 맞춰 보면서 자기 짝을 찾아보세요.

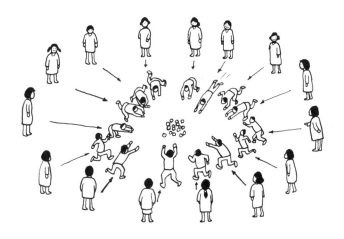

54

뉘 코가 내 코?

준비물 : 폭과 높이가 2m 정도 되는 커튼 **모둠 형태** : 전체

4~6쌍을 앞에 모시고, 짝끼리 마주보게 한 후 상대방의 얼굴을 잘 살피도록 1분 정도 시간을 줍니다. 그런 다음 여자들은 미리 천장에 걸어 둔 커튼 뒤로 숨고 남자는 등을 돌려서 볼 수 없도록 합니다. 커튼에는 작은 구멍이 뚫려 있어서 여자들은 그 구멍을 통해 코만 내보이고 서 있습니다. 시작이 되면 남자들은 커튼으로 다가가서 구멍으로 나와 있는 코들 중 자기 짝의 코를 찾습니다. 이때 말을 해서는 안 되며 1분 정도 시간을 주고 손가락으로 자기 짝의 코라고 생각하는 콧등을 지목합니다. 그런 다음 지목받는 여자가 한 사람씩

커튼 앞으로 나와서 확인해 봅니다. 이 놀이는 코 대신 발가락, 손바닥, 귀 등을 보여주는 것으로 해도 재미있습니다.

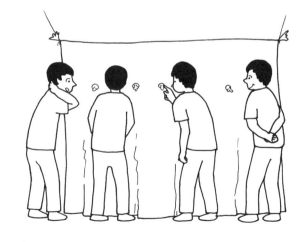

1-026

내 짝은 어디에?

준비물 : 필기도구(인원수만큼) **모둠 형태** : 전체

모임 장소에 들어오는 참가자들에게 쪽지를 나누어 주고 이름을 적도록 합니다. 이때 남녀를 따로 모아 두고 모임을 시작하기 직전 그 쪽지에 상대방(여자 이름 밑에 남자 이름을, 남자 이름 밑에는 여자 이름을)의 이름을 적어 놓습니다. 그런 다음 주인에게 쪽지를 다시 돌려주고 이름 밑에 적혀있는 자기 짝을 찾도록 합니다. 이때 큰 소리를 내지 말고 귓속말로 "오유진입니까?" 하고 소곤소곤 묻도록 하십시오. 이 소리를 들은 사람은 귓속말로 "아니오", "네" 하고 대답해야지 머리를 끄떡이거나 "예", "아니오"를 큰 소리로 대답하지 마십시오. 짝을 찾게 되면 "찾았다" 하고 큰 소리로 함께 외치고 빈 자리를 찾아 마주보고 앉습니다. 이렇게 모든 사람들이 짝을 찾을 때까지 계속합니다.

짝을 찾아라

준비물 : 필기도구, 풍선(인원수만큼) **모둠 형태 :** 전체

여자들에게 쪽지를 한 장씩 나누어 주고 자기 이름을 적도록 합니다. 둥글게
둘러서서 자신의 쪽지를 한번 접어서 원 안으로 모두 던져 넣도록 한 다음 마
구 섞어 놓습니다. 그리고 시계 방향으로 돌면서 신나게 노래를 부르다가, 지
도자가 "잡아라!" 하고 외치면 남자들은 원 안에 떨어져 있는 쪽지 중에서 한
장을 집어 쪽지에 적힌 여자의 이름을 읽고 목청껏 외쳐서 그녀를 찾아가 마
주보고 앉으십시오.

풍선 안 보물

준비물 : 인원수보다 많은 풍선과 쪽지 **모둠 형태** : 전체

'나의 반쪽을 찾아라(1-024)'와 비슷한 짝짓기 놀이입니다. 참가자들 중 여자들에게 쪽지와 풍선을 하나씩 나누어 주고 쪽지에 자기 이름을 적도록 합니다. 이름을 적은 쪽지를 돌돌 말아서 풍선 안에 집어넣고 큼지막하게 불어서 묶도록 합니다. 이제는 둥글게 둘러서서 풍선들을 중앙에 모두 모아 놓고는 "잡아라!" 하고 지도자가 외치면 남자들은 재빠르게 달려가 풍선을 하나씩 줍습니다. 잡은 풍선을 터트린 다음 쪽지에 적힌 사람 이름을 찾아내 목청껏 외쳐야 합니다. 이때 여자들도 서 있는 자리에

서 자기 이름을 크게 외쳐서 짝이 자기를 쉽게 찾을 수 있도록 도와주세요. 짝을 찾은 사람들은 손을 마주잡고 "찾았다!" 하고 큰 소리로 외치세요.

풍선 속의 짝 찾기

준비물 : 풍선, 눈가리개, 밀가루 　**모둠 형태 :** 전체

이 놀이는 남자가 눈가리개를 하는 것 외에는 '풍선 안 보물(1-028)'과 같습니다. 시작이 되면 남자들은 눈가리개를 한 채로 마치 빗자루로 바닥을 쓸듯이 손을 더듬거리며 조심스럽게 원 중앙으로 다가가 풍선을 하나씩 줍습니다. 풍선을 찾기가 쉽지 않아서 방황하는 사람들을 많이 보게 될 것입니다. 그러므로 여자들은 남자들이 풍선을 쉽게 찾을 수 있도록 "왼쪽 앞으로", "앞으로 전진"하는 식으로 도와주세요. 이렇게 하여 풍선을 찾은 사람은 그 자리에서

터트리고 눈가리개를 살짝 들어올려 쪽지에 적힌 자기 짝 이름을 읽습니다. 그런 다음 다시 눈가리개를 하고 자기 짝의 이름을 크게 외치는데 이름의 주인공인 그 여자도 서 있는 자리에서 자기 이름을 외쳐서 자기 짝이 찾아오도록 도와주십시오. 이렇게 하여 짝을 찾은 사람들은 빈 자리에 앉아서 다른 사람들이 짝을 찾을 때까지 기다립니다.

이 놀이는 남자들을 골탕 먹일 수 있습니다. 남자들이 풍선을 찾을 때 지도자는 살짝 풍선을 몇 개 빼놓는 것입니다. 그러면 눈을 가린 남자들은 영문도 모른 채 풍선을 찾아 헤매는 모습을 즐길 수 있습니다. "거기 아니야. 왼쪽으로 세 걸음 가봐." "아이고 발로 차 버렸네." 하는 식으로 말입니다. 그리고 밀가루를 살짝 넣어 둔 풍선이 터질 때의 모습을 한 번 상상해 보세요.

풍선 안 속담 찾기

준비물 : 풍선, 쪽지 **모둠 형태** : 전체

지도자는 인원수 반만큼의 속담을 적은 쪽지들을 준비해 두고 이를 각각 반씩 잘라 돌돌 말아둡니다. 참가자들에게 반쪽 난 쪽지를 풍선에 넣고 불어서 묶도록 합니다. 그러고는 풍선을 원 중앙에 모아두십시오. 시작이 되면 사람들은 아무 풍선이나 하나 집어서 터트린 다음 쪽지에 적힌 내용을 큰 소리로 외칩니다. 다른 반쪽을 가진 짝을 찾은 사람은 쪽지의 찢어진 부분을 서로 맞춰 보고, 빈 자리를 찾아서 앉으십시오.

속담에는 다음과 같은 것들이 있습니다. 도토리 키 재기 / 아니 땐 굴뚝에 연기나랴? / 밤 말은 쥐가 듣고 낮말은 새가 듣는다 / 꿩 대신 닭 등 무궁무진합니다. '닭'만 적힌 쪽지를 주운 사람은 내내 "닭! 닭!" 하고 외치며 다녀야 겠지요?

반지 찾기

준비물 : 종이 반지(2개씩 같은 모양으로 표시해두십시오.) **모둠 형태 :** 전체

참가자들이 모임장소에 도착하는 대로 미리 준비해 둔 반지를 한 개씩 나누어 주고 손가락에 끼도록 합니다. 반지는 종이를 이용하여 만드는데 둘씩 짝을 짓는 경우에는 똑같은 모양의 반지 두 개를, 모둠을 만들 경우에는 모둠의 인원수만큼 같은 모양(또는 색깔)의 반지를 만들어 놓고 나누어 줍니다. 지도자가 이에 관해 간단히 설명한 다음 시작이 되면 사람들은 서로 끼고 있던 반지를 보여주면서 자기 짝(또는 모둠)을 찾도록 합니다.

어둠 속 짝 찾기

준비물 : 쪽지(인원수만큼) **모둠 형태 :** 전체

지도자는 모든 사람들이 함께 부를 수 있는 동요나 가요를 참가자 수의 반만큼 정하고 같은 노래 제목을 두 장씩 적어서 각각 다른 상자에 넣어둡니다. 모임이 시작되면 남자와 여자로 나누어서 각자 다른 상자에서 쪽지를 한 장씩 뽑도록 합니다. 참가자들에게 쪽지에 적힌 노래 제목을 읽어 보도록 하는데 이를 다른 사람들에게 보여주어서는 안 됩니다. 이제 지도자는 아무런 예고 없이 방의 전등을 모두 끕니다. 그러면 세상이 온통 깜깜해지겠지요. 지도자는 "자, 여러분! 이제 어둠 속에서 각자 자기 짝을 찾도록 하겠습니다. 당신의 짝은 쪽지에 적힌 노래와 같은 노래를 가진 사람입니다. 시작을 알리면 쪽지에 적힌 노래를 콧노래로 부르며 돌아다니다가 같은 노래를 부르는 짝을 찾아내는 것입니다. 이렇게 하여 짝을 찾은 사람은 자기 짝과 손을 잡고서 그 자리에 조용히 앉아 있도록 하세요. 콧노래로만 불러야지 노래 제목을 말하거나 크게 외쳐서는 안 됩니다.

이 놀이는 콧노래 대신 휘파람을 불어서 찾도록 할 수도 있습니다. 이 놀이는 모둠을 구성할 때도 재미있는데, 이때는 모둠 수만큼의 동요(또는 가요)를 정하고 어둠 속에서 자기와 같은 노래를 부르는 사람들을 찾는 것입니다.

신발 소동

준비물 : 없음 **모둠 형태 :** 전체

모든 참가자들에게 신발을 벗고 방 안으로 들어오도록 합니다. 지도자는 참가자들이 벗어놓은 신발들을 마구 섞어서 무더기로 쌓아 두는데 사람들이 이를 눈치 채지 못하도록 하십시오. 지도자는 방 안에 있는 여자들에게 "자, 이제부터 여자들은 빨리 현관으로 나가서 남자들의 신발을 한 켤레씩 짝을 찾아 주인에게 돌려주세요."라고 알려줍니다. 이 말이 떨어지면 여자들은 신발더미에서 신발 한 켤레를 찾아 그 신발의 주인공을 찾아냅니다. 남자들이 모두 자기 신발들을 찾은 다음에는 여자가 신발을 찾아준 남자에게 자기 신발의 특징을 설명해 주고 이를 찾아오도록 합니다.

놀이하는 지혜

'어둠 속 짝 찾기(1-032)'와 '어둠 속에서 친구들 만나기(1-048)' 같이 깜깜한 어둠 속에서 하는 놀이는 소극적이고 소심한 청소년들에게 큰 힘을 실어준답니다. 어둠은 가면과도 같은 기능을 합니다. 즉, 아무도 나를 볼 수 없다는 것이 그들에게 용기를 북돋아 주어서 함성을 지르고 엉뚱한 행동을 할 수 있도록 도와줍니다. 어둠 속에서 신나게 소리 지르면 마음속에 억누르고 있던 그 무엇을 배출해 내는 통쾌함이 있습니다.

두 사람이
즐기는 놀이

1-034

주먹 쌓기

준비물 : 없음 **모둠 형태 :** 2인 1조

두 사람이 마주보고 앉아서 교대로 주먹을 내밀어 층층이 쌓으면 주먹 네 개가 쌓이게 되지요. 자! 이제 시작해 봅시다. 지도자가 하나, 둘, 셋, 넷 중에서 어느 한 숫자를 부르면 두 사람은 미리 정해진 규칙에 따라 손을 바쁘게 움직이도록 합니다. 즉, '하나'는 제일 밑에 있던 주먹을 맨 위로 올려놓는 것입니다. '둘'은 밑에서 두 번째 있던 주먹을 빼서 제일 위로 올려놓습니다. '셋'은 밑에서 세 번째 주먹을 빼서 제일 위로 올려놓습니다. 이 놀이에서는 '넷'이 가장 중요합니다. 지도자가 '넷'을 하면 제일 밑에 있던 주먹을 재빨리 빼서 제일 위에 있는 주먹을 힘껏 내리쳐야 합니다. 한 번 해 보세요. 자기 손을 치는 경우가 속출할 것입니다.

청개구리

준비물 : 없음 **모둠 형태 :** 2인 1조

두 사람이 마주보고 번갈아서 한 번씩 질문을 하는데 "예", "아니오"라는 대답만 할 수 있습니다. 그런데 동시에 "예" 할 때는 머리를 좌우로 가로젓고, "아니오" 할 때는 머리를 끄덕여야 합니다. 헷갈릴 수밖에 없어서 웃음이 끊이지 않을 것입니다.

1-036

구애 작전

준비물 : 손수건(인원수의 반만큼) **모둠 형태 :** 2인 1조

짝끼리 마주보고 앉은 다음 그중 한 사람이 손수건 양끝을 잡아 느슨하게 묶고 다른 사람은 그 속에 손바닥으로 쭉 펴서 팔목까지 집어넣습니다. 지도자가 신호를 하면 손수건을 잡은 사람은 손수건을 잽싸게 당겨서 손을 묶고, 반대로 손을 넣은 사람은 묶이지 않도록 잽싸게 빼야 합니다. 이렇게 승부를 가리면서 반복하여 교대로 해 봅시다.

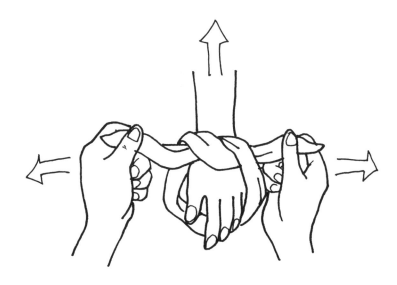

주먹 잡기

준비물 : 없음 **모둠 형태** : 2인 1조

두 사람이 짝을 이루고 마주 봅니다. 한 사람은 주먹을 쥐고 다른 사람은 양 손목을 마주 댄 상태에서 손을 벌리고 있습니다. 시작이 되면 주먹을 쥔 사람은 손바닥을 때리듯이 갑자기 손바닥 안으로 주먹을 집어넣습니다. 이때 양 손바닥을 벌리고 있는 사람은 주먹을 움켜쥐어 잡아야 합니다. 잡지 못하면 계속 해 보고 잡으면 역할을 바꿔 해 봅시다.

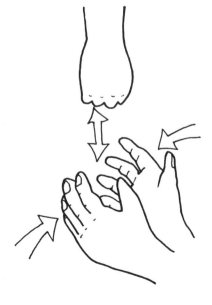

손등 치기

준비물 : 없음 **모둠 형태 :** 2인 1조

두 사람이 마주보고 앉아서 한 사람은 손바닥을 위로 하고 다른 사람은 그 위에 손바닥을 포개어 얹도록 합니다. 시작이 되면 손바닥을 위로 한 사람(밑에 있는 사람)이 재빨리 손바닥으로 상대방(위에 있는 사람)의 손등을 칩니다. 이때 위에 있는 사람은 맞지 않도록 피하는데 맞으면 계속하고, 친 사람이 헛손질 했을 때는 서로 위치를 바꿔 해 보세요.

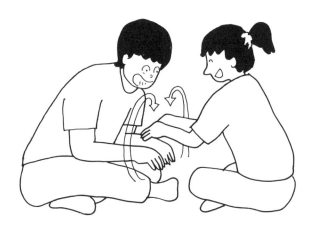

쿵덕궁 떡방아 박수

준비물 : 없음 **모둠 형태** : 2인 1조

두 사람이 마주 보고 한 사람은 "하나"에서 수직으로 박수를 치고, 다른 사람은 "둘"에서 수평으로 박수를 치라고 알려주세요. 그리고 "산토끼", "송아지", "앞으로" 등의 동요를 함께 부르면서 박수를 쳐 봅시다.

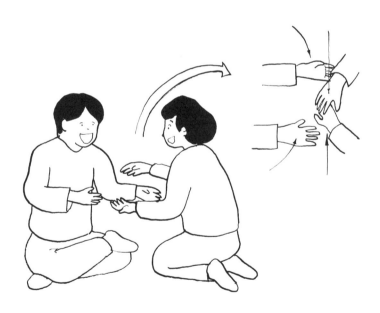

사랑스러운 너

준비물 : 없음 **모둠 형태 :** 2인 1조

이 놀이는 예를 들어 설명해 보겠습니다. 한 사람이 자기 짝에게 "아! 사랑스런 저 눈동자!"라고 했다고 합시다. 그러면 다른 사람이 "아! 아름다운 저 눈썹!" 하는 식으로 교대로 상대방의 사랑스런 모습을 한마디씩 하게 됩니다. 한 번 말한 것은 반복할 수 없게 되어 있어서 나중에는 아무리 진담이라 하더라도 궁색해지고 별의 별 희한한 말들이 속출할 수밖에 없습니다. 예를 들어 "아! 사랑스런 저 눈곱!" 하고 자기 짝을 빤히 쳐다보면서 진지하게 말한다면 그 말을 들은 사람은 웃지 않을 수 없을 것입니다.

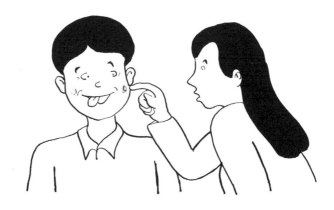

종이 빼앗기

준비물 : 종이 **모둠 형태** : 2인 1조

두 사람이 마주보고 각자 손을 깍지 낀 상태에서 검지 손가락을 펴서 종이를 잡습니다. 지도자가 갑자기 "시작!" 하고 외치면 두 사람은 잽싸게 종이를 자기 쪽으로 잡아당깁니다. 그러면 둘 중 한 사람은 종이를 놓치고 한 사람이 종이를 차지하게 됩니다. 이렇게 여러 번 반복해 보세요.

☐ 긍정적 농담과 비아냥의 차이

TV에서 코미디 프로그램을 보면 화가 날 때가 많습니다. 예를 들면 사람의 머리를 때린다거나, 다른 사람의 약점을 들추어내고, 특히 외모를 웃음거리로 삼는 경우입니다. 그런데 이상하게도 사람들은 이런 광경을 보면서 오히려 웃습니다. 나는 이런 웃음은 웃음이라고 할 수 없는 비(非)웃음이라고 봅니다. 진정한 웃음은 모든 사람을 편안하고 행복하게 해 줍니다. 어느 한 사람도 속상해 하거나 언짢으면 참된 웃음이라고 할 수 없지요. 그래서 우리는 다른 사람들과 더불어 편안하고 즐겁고 행복할 수 있는 그런 마음가짐을 갖도록 세심한 노력을 기울일 필요가 있습니다. 다른 사람들과 경쟁하도록 부추기고 비교하고 비꼬는 일이 없어야 하겠습니다.

1-042

상대방 얼굴 그리기

준비물 : 4절지 종이와 사인펜(인원수만큼) **모둠 형태 :** 2인 1조

8절 도화지에 눈 구멍을 두 개 뚫고 끈으로 묶어서 가면처럼 얼굴에 씁니다. 두 명씩 짝을 지어 서로 마주보면서 상대방 가면에 그려진 얼굴을 베껴 그려 보도록 합니다. 한 명이 조금씩 그리면 짝이 좋아서 그리고 또 그 반대로 그리다 보면 해괴망측한 얼굴을 그리기 십상입니다. 여러 쌍의 그림 중에서 누가 가장 창의적이고 멋진 얼굴을 그렸는지 알아봅시다.

74

빨래 널기

준비물 : 빨래집게(1인당 10개 정도) **모둠 형태 :** 2인 1조

두 사람이 양 무릎이 닿도록 마주보고 의자에 앉습니다. 눈가리개를 하고 의자 오른쪽에 놓여있는 빨래집게를 정해진 시간 내에 상대방의 옷에 누가 많이 붙이는지 겨뤄보세요.

토끼와 거북이

준비물 : 없음 **모둠 형태 :** 2인 1조

두 사람이 짝이 되어 한 사람은 토끼가 되고 다른 사람은 거북이가 됩니다. 그런 다음 서로 마주보고 앉아서 왼손으로 악수하는 자세를 취합니다. 이제 지도자가 토끼와 거북이에 얽힌 이야기를 하는 동안 '토끼' 라는 말이 나오면 토끼가 거북이의 손등을 치고, '거북이' 소리가 나오면 거북이가 토끼의 손등을 치고, '여우' 소리가 나오면 서로 상대편의 손등을 오른손 손바닥으로 치도록 합니다. 이때 가만히 맞고 있는 것이 아니라 재빠르게 오른손 손바닥을 대서 방어할 수 있습니다. 이 놀이는 '아담과 이브' 이야기를 가지고도 할 수 있습니다. '사자와 사슴' 이야기로 하면 지도자가 사람들을 골탕 먹일 수도 있답니다. 즉, 사슴이나 사자라고 말할 듯하다가 '사르르르', '사과', '사시나무' 와 같이 비슷한 말을 하게 되면 사람들은 얼떨결에 실수하게 됩니다.

종이 축구

준비물 : 종이(4절지), 칼, 탁구공 **모둠 형태 :** 2인 1조

짝을 이룬 두 사람에게 4절 크기의 도화지 한 장과 칼을 나누어 주고 그림과 같이 똑같은 크기로 구멍 두 개를 뚫도록 합니다. 두 사람이 종이를 각각 한 쪽씩 잡고 중앙선에 탁구공을 놓은 다음 시작이 되면 양손으로 종이를 움직여서 공이 굴러가게 하여 상대방 구멍에 들어가도록 합니다. 상대방 구멍에 공을 통과시킨 사람이 1점을 가져가게 됩니다. 이와 같은 방법으로 누가 점수를 더 많이 얻는지 겨뤄봅시다. 구멍의 크기는 두 사람이 의논하여 정하세요.

점점 낮게

준비물 : 없음 **모둠 형태 :** 2인 1조

두 사람이 마주보고 가위바위보를 합니다. 진 사람은 무릎을 약간 굽혀서 키를 5cm 정도 낮춥니다. 이와 같은 방법으로 계속하는데 지면 5cm 정도 키를 낮추지만, 이기면 그만큼 키를 높일 수 있습니다. 계속 지다 보면 몸을 가눌 수조차 없게 되어 결국은 넘어지게 됩니다. 이 놀이는 무릎을 굽히는 대신 두 다리를 벌리는 방법과 몸 상태를 유지한 채로 돌아다니면서 사람을 바꿔 할 수도 있습니다.

Chapter 4

모둠 만들기 **놀이**

꿩 먹고 알 먹고

준비물 : 사탕, 과자, 커다란 종이봉투, 신문지, 막대기(길이 2m 정도)
모둠 형태 : 5~8명으로 구성된 여러 모둠

모임을 시작하기 전에 인원수만큼의 사탕이나 과자를 넣은 커다란 종이봉투를 준비하여 2m 정도 길이의 나무 끝에 실로 매달아 놓습니다. 이때 사탕이나 과자는 나누고자 하는 모둠 수만큼 모둠 이름을 적어놓은 종이로 일일이 싸둡니다. 지도자 또는 자원하는 한 사람이 종이봉투를 매단 막대기를 들고 있고, 한 사람을 불러내 눈가리개를 하고 신문지를 말아서 만든 종이 몽둥이를 휘둘러 종이봉투를 터뜨리

도록 합니다. 몽둥이에 맞아서

종이봉투가 찢어지면

안에 들어있던 과

자, 사탕들이 쏟아

지겠지요. 그

순간 주위

에 있던 사람

들은 달려가

서 한 개씩 주워 사탕(과자)을 싼 종이에 어떤 글이 쓰여 있는지 읽고 그 자리에서 크게 외칩니다. 가장 먼저 전원 집합한 모둠은 "만세!" 하고 외치도록합니다. 단순히 모둠 이름을 적어 놓기보다는 동요 제목을 적어서 큰 소리로외쳐 부르도록 할 수도 있습니다. 이 놀이는 짝짓기에도 그만입니다. 즉, 나무꾼과 선녀, 견우와 직녀, 로미오와 줄리엣, 찡구와 짱구, 콩쥐와 팥쥐 등에서 한 가지씩 이름을 적어 나무꾼이 적힌 쪽지를 주운 사람은 선녀를 큰 소리로 불러 찾도록 해 보십시오.

1-048

어둠 속에서 친구들 만나기

준비물 : 쪽지(인원수만큼)   **모둠 형태 :** 전체

참가자들에게 쪽지를 한 장씩 나누어 주십시오. 쪽지에는 "나의 볼을 살짝 두드려주세요", "나의 코를 비틀어주세요", "꿀밤을 살짝 때려주세요", "나의 등을 시원스럽게 긁어주세요", "나의 귀를 잡아당겨주세요", "나의 볼을 살짝 당겨주세요"와 같은 글이 한 가지씩 적혀 있습니다. 참가자들은 쪽지에 적힌 내용을 살짝 보고 다른 사람들에게 알려주어서는 안 됩니다. 아무런 예고 없

이 소등을 하면 세상은 온통 캄캄해지지요. 지도자는 어둠 속에서 참가자들에게 조심조심 돌아다니면서 부딪치는 사람에게 쪽지에 적힌 대로 하면서 같은 동작을 하는 모둠 친구들을 모두 만나도록 지도합니다. 예를 들어 "코를 비틀어주세요"라는 쪽지를 가진 사람은 마주친 사람의 코를 손가락으로 붙잡아서 살짝 비틀어주는 겁니다. 그런데 자기는 코를 비틀어주었는데 상대방은 자기의 등을 긁어주었다면 그 사람은 자기 모둠 친구가 아닙니다. 그러다가 두 사람이 동시에 같은 동작을 하면 두 사람은 자기 모둠 사람이므로 손을 잡고 다른 모둠 친구들을 만나러 다닙니다. 이 놀이를 할 때 돌아다니면서 말을 해서는 안 됩니다.

■ 스킨십이 주는 힘

한 연구에 의하면 신체 접촉을 통한 비언어적 의사소통nonverbal communication이 언어적 의사소통verbal communication보다 4배 이상 강력하다고 합니다. 그래서 참가자들이 몸을 부딪치며 놀이를 하게 되면 절로 친해질 수밖에 없답니다.

완전한 몸을 이루어요

준비물 : 신체의 일부분이 그려진 쪽지들(인원수만큼)
모둠 형태 : 전체

사람들이 모임장소에 도착하는 대로 즉시 신체의 일부분(머리, 팔, 다리, 발, 가슴, 눈,
손 등) 중 하나를 적은 쪽지를 한 장씩 나누어 줍니다. 시작이 되면 지도자는 참
가자들에게 신체 부분들이 이리저리 흩어져 있으므로 신속하게 모여서 한 몸
을 이루도록 하라고 합니다. 신체의 각 부분이 빠짐없이 만나서 온전한 몸을
이룬 모둠은 둘러앉도록 합니다. 한 몸을 이루는 신체 부분은 집단의 크기를
감안하여 결정하면 됩니다. 이 놀이는 단순히 신체의 각 부분이 모여 한 몸을
이루기보다는 지도자가 사전에 쪽지를 그릴 때 쪽지를 엇대어서 그림을 그림
으로써, 쪽지들을 직접 맞춰 보며 자기 모둠 사람들을 정확히 찾도록 하면 참
가자들 사이에 더욱 활발한 의사소통을 기대할 수 있습니다.

온 몸으로 인사해요

준비물 : 없음   **모둠 형태 :** 전체

처음 만난 사람들이 순식간에 긴장을 풀고 친해지도록 하는 위력적인 놀이입니다. 참가자들이 둥글게 둘러선 자리에서 지도자가 "여러분 정말 반갑습니다. 오늘 이 모임에 참석해 주셔서 감사드립니다. 자, 이제 서로 인사를 나누어 봅시다. 그런데 이번 인사는 좀 더 색다른 방법으로 하겠습니다. 제가 '머리 여섯' 이라고 외치면 여러분은 여섯 명이 머리를 서로 맞대고 뭉치도록 합니다. 자, 그러면 이제 시작하겠습니다."라고 말합니다. 참가자들은 함께 노래를 부르면서 빙빙 돌다가 지도자가 알려주는 대로 주위 사람들과 빨리 짝을 짓도록 합니다. 예를 들어, "무릎, 넷", "코, 다섯", "등, 일곱" 하는 식으로 진행하는데 한 번 만난 사람들과는 헤어져서 다른 사람들과 짝을 짓도록 하십시오. 이밖에 '양말 색깔이 같은 사

람', '생일이 같은 달에 있는 사람', '띠가 같은 사람', '혈액형이 같은 사람' 등으로 짝짓기를 할 수 있습니다. 이렇게 하다가 마지막으로 나누고자 하는 모둠 수만큼의 인원을 부르세요.

1-051

암호문을 찾아라

준비물 : 20자 정도의 글을 적은 종이를 4~6조각으로 나눈 암호문(모둠 수만큼)
모둠 형태 : 5~8명으로 구성된 여러 모둠

지도자는 사전에 20자 내외로 이루어진 암호문을 모둠 수만큼 만들고 이를 각각 4~6조각으로 찢어서 참가자들이 도착하는 대로 한 장씩 나누어 주십시오. 암호문을 자를 때 가위로 자르기보다는 손으로 찢는 것이 좋습니다. 시작이 되면 사람들은 각자 자기 암호문의 내용을 소개하며 나머지 사람들을 찾아 나섭니다. 내용만을 가지고서는 찾기가 힘들기 때문에 자기가 가진 조각과 다른 사람들의 조각을 일일이 맞춰 보면서 자기 모둠 사람들을 모두 만나보도록 합니다.

1-052

탑 쌓기로 짝짓기

준비물 : 없음 **모둠 형태** : 전체

모두 둥글게 둘러서서 함께 노래를 부르며 돌다가 지도자가 "두 사람이 다리 두 개" 하고 외치면 참가자들은 두 사람이 짝이 되어 두 다리만 땅 바닥에 닿도록 하고 섭니다. 그러니까 두 사람이 한 발씩 들고 있거나, 아니면 한 사람이 자기 짝을 업고 있으면 되지요. 이 놀이는 그리 간단하지 않답니다. "두 사람이 다리 한 개", "세 사람이 다리 두 개"에서 시작하여 "다섯 사람이 다리 네 개" 등 무궁무진하지요. 이렇게 하다 보면 친구들은 금세 친해질 수밖에 없답니다.

다리 더듬기

준비물 : 눈가리개(인원수만큼) **모둠 형태** : 5~8명으로 구성된 여러 모둠

참가자들이 앉은 순서대로 1에서 4번을 반복하여 부르도록 합니다. 그런 다음 지도자는 1번 사람들은 바지 왼쪽을 무릎까지 접어 올리고, 2번 사람들은 바지 오른쪽을 접어 올리고, 3번 사람들은 왼쪽 양말을 벗고, 4번 사람들은 오른쪽 양말을 벗도록 합니다. 양말을 신고 있지 않은 사람들은 아예 신발을 벗도록 하세요. 그런 다음 모두 눈가리개를 하고 그 자리에서 세 번 돕니다. 시작이 되면 사람들은 기어다니면서 다른 사람들의 발을 더듬으며 자기 모둠 친구들을 찾아 나섭니다. 이렇게 하여 자기 모둠을 찾으면 손을 잡고 다니면서 계속 찾으세요. 손으로 머리를 더듬어 숫자를 세고 다 찾으면 "찾았다!"라고 크게 외치고 앉습니다.

1-054

끼리끼리

준비물 : 없음　**모둠 형태** : 전체

큰 모임에서 자연스럽게 모둠을 나눌 수 있는 놀이입니다. 지도자는 참가자들 중 1, 2월에 생일이 들어있는 사람들에게는 '손이 꽁꽁꽁 발이 꽁꽁꽁' (겨울바람) 노래를 정해주고, 3, 4월 사람들에게는 '봄이 왔네 봄이 와' (처녀사냥) 노래를, 5, 6월 사람들에게는 '날아라 새들아~ 푸른 하늘을' (어린이날 노래), 7, 8월은 '앞으로 앞으로 앞으로 앞으로' (앞으로) 노래를, 9, 10월 사람들에게는 '가을이라 가을 바람 솔솔 불어오니' (가을)를, 마지막으로 11, 12월 사람들에게는 '퍼얼 펄 눈이 옵니다' (첫눈) 노래를 정해 줍니다. 이때 누구나 알고 있는 노래로 준비하십시오. 자, 이젠 눈 깜짝할 새에 아수라장이 될 것입니다. 모두가

놀이하는 지혜

　　'끼리끼리'와 같이 밝은 곳에서 참가자들이 눈을 감고 하도록 하면 불편해 할 수도 있습니다. 부담감을 느끼게 하는 부자연스러운 규칙은 바람직하지 않습니다. 하지만 편안함을 느끼고 기대감을 주는 집단이라면 참가자들은 조금 부담스러운 규칙이라도 지키면서 즐길 수 있답니다.

자리에서 일어나 눈을 감도록 합니다. 그런 다음 큰 소리로 노래를 부르며 눈을 감고 돌아다니면서 같은 노래를 부르는 사람들을 찾아 손을 잡고 끼리끼리 모여 앉도록 합니다. 목소리가 작으면 다른 사람들 소리에 잠기게 되므로 큰 소리로 외치도록 하세요. 눈가리개 없이 눈을 감고 다니도록 하는 것이 좀 어색할 수도 있으므로 눈을 뜬 채로 놀이를 진행해도 좋습니다.

짝짓기

준비물 : 없음　**모둠 형태** : 전체

둥글게 둘러 선 다음 노래를 부르다가 지도자가 노래를 갑자기 중단하고 숫자를 부르면 사람들은 그 숫자만큼의 사람들과 만나 부둥켜안고 그 자리에 앉습니다. 예를 들어, 지도자가 "다섯!" 하고 외치면 다섯 사람이 함께 모여서 어깨동무를 하고 그 자리에 앉도록 합니다. 같은 방식으로 숫자를 달리하여 계속 해 봅시다. 지도자는 단순히 숫자만을 부르기보다는 "같은 색깔의 양말끼리 모이십시오."라거나 "생일이 같은 달에 있는 사람들끼리 모이세요." 하는 식으로 바꿔서 해보면 금세 시끌벅적하게 됩니다.

　이 놀이는 아프리카의 앙골라 어린이들도 즐기고 있답니다. 움분다umbunda 부족 어린이들은 하나를 '모시mosi', 둘을 '바리vali', 셋을 '타투tatu', 넷을 '쿠알라qualla', 다섯을 '타루talu' 라고 한답니다. 부족 어린이들의 말을 배우면서 해보는 것도 재미있지요.

발가락을 찾아라

준비물 : 쪽지 **모둠 형태 :** 전체

참가자들에게 쪽지를 한 장씩 나누어 주는데 거기에는 1~5의 번호가 하나 적
혀 있습니다. 1번은 엄지발가락, 2번은 검지발가락, 이렇게 5번은 새끼발가
락을 뜻합니다. 모든 참가자들은 밖을 향해 둥글게 앉은 다음, 신발과 양말을
벗어서 자기에게 해당된 발가락에 점을 표시하도록 합니다. 그런 다음 다시
신발과 양말을 신도록 하십시오. 모든 사람들에게 사인펜을 하나씩 나누어
주고 시작이 되면 사람들은 바삐 돌아다니면서 다른 사람의 양말을 벗겨 같
은 발가락에 점이 그려져 있는 사람들을 찾아다닙니다. 찾은 사람들은 발바
닥에 서로 사인을 하고 다시 다른 사람들을 찾아 나서는데, 이때 절대로 다른

사람들에게 정보를 흘려서는 안 됩니다. 가장 먼저 마친 모둠은 한 자리에 모여 앉아 마지막 모둠이 마칠 때까지 기다려 주십시오.

놀이하는 지혜

몇 년 전에 중국 온주에서 지하교회 청소년 지도자들을 위한 워크숍을 진행한 적이 있었습니다. 전국에서 청소년 사역에 헌신하는 젊은 지도자들이 20여 명 참가한 이 워크숍에서 나는 그들과 5일 동안 정말 신나게 즐겼습니다. 집단을 여는 자리에서 여러 가지 여는 놀이들을 하였는데 그중에는 '발가락을 찾아라' 라는 놀이도 포함되었습니다. 그런데 웬일인지 이 놀이를 설명하자마자 분위기가 갑자기 썰렁해지는 것이 아닙니까? 아니나 다를까 통역자가 '이 놀이는 그만 넘어가는 것이 좋겠다.' 고 조언을 해 나는 그 즉시 "여러분이 이 놀이를 부담스러워하는 것 같군요. 그럼 다른 놀이를 해 봅시다." 하고 넘어갔습니다.

마지막 날 평가 시간에 여러 참가자들이 나에게 '당신이 그때 우리를 존중해 주어서 고맙다.' 라고 하더군요. 또 글로 나에게 고마움을 전해준 분도 있었습니다. 그때 내가 그 놀이를 강행했더라면 매우 힘들었을 것이 분명합니다. 중국인들은 다른 사람의 발을 만지는 것을 불편해 했던 것입니다. 이 일을 겪으면서 나는 놀이는 일방적으로 가르치거나 강요할 수 없다는 사실을 새삼 확인할 수 있었습니다.

조각난 사진 맞추기

준비물 : 만화나 인물사진을 복사한 종이(모둠 수만큼), 편지봉투(인원수만큼)
모둠 형태 : 5~8명으로 구성된 여러 모둠

지도자는 만화나 잡지에서 그림 또는 사진을 찾아 나누고자 하는 모둠 수만큼 복사해 둡니다. 예를 들어, 네 모둠으로 나누고자 하면 만화 네 가지를 복사해 8조각으로 찢으면 8인 4모둠이 됩니다. 편지봉투에 한 조각씩 넣어 두고 참가자들이 도착하는 대로 한 장씩 나누어 줍니다. 시작되기 전에는 미리 꺼내 보지 않도록 하고, 시작이 되면 봉투에서 조각을 꺼내 다른 사람들의 조각과 맞춰보며 자기 모둠 사람들을 찾아다닙니다. 이때 자신의 조각을 다른 사람의 조각과 맞춰보는 것 외에는 말을 할 수 없습니다. 이렇게 하여 조각을 모두 맞춘 모둠은 그 자리에서 "와!" 하고 환호하도록 하십시오.

1-058

등 뒤에 무엇?

준비물 : 종이와 매직펜　**모둠 형태** : 6~8명으로 구성된 여러 모둠

지도자는 모임을 시작하기 전에 그림을 그려 놓은 쪽지를 준비해 두십시오. 그림은 모둠 수만큼 그려 놓습니다(동그라미, 사각형, 삼각형, 육각형, 원통, 타원 등). 참가 자들에게 쪽지를 하나씩 나누어 주는데 이때 그 쪽지를 다른 사람들에게 보 여주어서는 안 됩니다. 우선 지도자는 사람들이 쪽지를 다른 사람의 등에 붙 이도록 하는데 이때에도 상대방에게 보여주지 않도록 주의하십시오. 시작이 되면 사람들은 돌아다니면서 인사를 나눈 다음, 자기 등 뒤에 붙어있는 그림 을 서로 물어봅니다. 예를 들어, "동그라미입니까?"

하고 물어보면 상대방은 "예", "아니 오"로만 대답할 수 있습니다. 한 번 만난 사람에게 다시 물 어 볼 수 없으므로 다 른 사람을 찾아가야 합 니다. 이렇게 하다가 서로 모 양이 같은 사람끼리 만나면 손을 잡고 다니는데 자기

등 뒤의 그림을 알게 된 사람도 절대로 자기와 같은 그림이 붙어있는 사람에게 가서 마구 손을 잡을 수 없으며 반드시 서로 물어보아야 합니다. 모두 모인 모둠은 한 자리에 모여 앉으세요.

1-059

묵찌빠 짝짓기

준비물 : 없음　**모둠 형태** : 8명으로 구성된 여러 모둠

참가자들은 흩어져 있는 상태에서 가까운 사람끼리 인사를 나누고 묵찌빠를 세 번 합니다. 두 번을 먼저 이긴 사람 뒤에 진 사람이 허리를 잡고 돌아다닙니다. 다른 짝과 다시 만나서 앞 사람끼리 묵찌빠를 합니다. 이렇게 하면 4명이 되고, 다시 하면 8명이 되는데 이런 방식으로 모둠 수만큼 '묵찌빠'를 해 봅시다.

이어달리기 **놀이**

1-060

모자 쓰기

준비물: 모자(모둠 수만큼) **모둠 형태**: 5~8명으로 구성된 여러 모둠

모둠별로 출발선에 정렬합니다. 반환점에 있는 책상에는 모둠 수만큼 모자를 뒤집어서 놓아둡니다. 시작이 되면 각 모둠의 첫 번째 사람들은 달려가서 모자를 쓰고 출발점으로 돌아오고, 다음 사람에게 모자를 건네주면 모자를 쓰고 반환점으로 달려가 책상 위에 모자를 벗어 놓고 옵니다. 모자를 쓰고 벗을 때 손은 사용할 수 없으므로 뒷짐을 지도록 합니다. 이렇게 해서 어느 모둠이 가장 먼저 마치는지 알아봅시다.

도넛 점프

준비물 : 도넛, 실   **모둠 형태 :** 5~8명으로 구성된 여러 모둠

모둠별로 출발선에 정렬하고 5m 정도 떨어진 곳에 참가자들의 입 높이보다
약간(10~15cm 정도) 높게 실로 도넛을 매달아 놓습니다. 시작이 되면 각 모둠에서
한 사람씩 달려 와서 도넛을 입으로 물어서 먹는데, 이때 두 손은 사용할 수
없습니다. 실에 매달려 흔들거리는 도넛을 먹기가 얼마나 힘든지 모릅니다.

촛불 끄기

준비물 : 초와 초 받침(모둠 수만큼), 성냥, 실, 종이컵(모둠 수의 2배), 송곳(또는 연필)
모둠 형태 : 5~8명으로 구성된 여러 모둠

사전에 종이컵 바닥에 구멍을 뚫고 거기에 실을 꿰어 목에 걸 수 있도록 만든 놀이기구를 준비해두십시오. 실의 길이는 목에 걸 때 컵이 무릎에서 약간 높은 정도가 되도록 하세요. 이렇게 만든 놀이기구를 모둠당 두 개씩 나누어 주십시오. 각 모둠에서 한 사람씩 반환점에 서서 받침대에 놓인 초에 불을 붙이도록 합니다. 이렇게 하여 시작이 되면 첫 번째 주자들은 반환점으로 달려가서 목에 걸린 종이컵으로 촛불을 덮어 끄는 것입니다. 종이컵이 흔들거리고 마음이 조급해져 촛불 끄기가 생각만큼 쉽지 않습니다. 불이 꺼질 때마다 반환점에 있는 사람은 다시 초에 불을 붙여 놓으면 됩니다.

반짝반짝

준비물 : 초, 성냥   **모둠 형태** : 5~8명으로 구성된 여러 모둠

2~4모둠으로 나누고 모둠에서 한 사람씩 나와 방 반대편 벽에 가서 초를 들고 있도록 합니다. 나머지 사람들은 방의 반대쪽에서 성냥을 가지고 서 있다가 시작이 되면 방안의 불은 모두 꺼지고 성냥통을 들고 있는 사람이 성냥에 불을 붙여 자기편 사람에게 달려가서 초에 불을 붙입니다. 가는 도중에 성냥불이 꺼지면 제자리로 돌아와서 다시 불을 붙여 가야 합니다. 초를 들고 있는 사람은 자기 초에 불이 붙으면 다시 꺼놓으세요. 이렇게 하여 어느 모둠이 가장 먼저 마치는지 겨뤄봅시다.

청소하기

준비물 : 빗자루(모둠 수만큼), 종이(인원수만큼)   **모둠 형태** : 5~8명으로 구성된 여러 모둠

두 모둠으로 나누고 각각 방 양쪽 끝으로 가서 마주보고 섭니다. 각 모둠 사람들은 순서대로 고유번호를 가집니다. 모둠의 첫 번째 사람에게 같은 모양의 빗자루를 한 개씩 나누어 주고, 중간 지점 바닥에 깨끗한 종이를 한 장 놓아둡니다. 지도자가 번호를 부르면 그 번호에 해당하는 사람들은 빗자루를 집어 들고 중간 지점으로 달려가 빗자루로 종이를 자기편으로 쓸어 옵니다. 자기편으로 종이를 쓸어 온 사람의 모둠이 1점을 얻게 됩니다. 이렇게 하여 어느 모둠이 더 많은 점수를 얻는지 겨뤄봅시다.

경마

준비물 : 없음　**모둠 형태 :** 6명 이상 짝수로 구성된 여러 모둠

두 모둠 이상으로 나누고 출발선에 정렬합니다. 남자는 말이 되고 여자는 기수가 되어서 여자가 남자 등에 양반자세를 하고 앉아 반환점을 돌아옵니다. 여자는 손을 사용하지 않고 몸의 균형을 잡도록 하며 여자가 말에서 떨어지게 되면 그 자리에서 다시 탄 다음 출발하면 됩니다. 여자보다 남자가 많은 경우에는 한 여자가 여러 번 타도록 합시다.

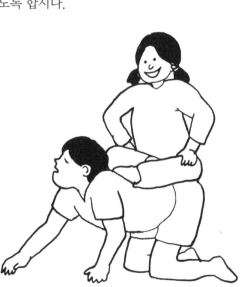

흡판 열차

준비물 : 모둠당 화장실 압축기 2개와 쌀포대(모둠 수만큼)
모둠 형태 : 5~8명으로 구성된 여러 모둠

각 모둠의 첫 번째 주자에게 화장실용 압축기와 쌀포대를 하나씩 나누어 줍니다. 각 모둠의 주자들은 포대(또는 큰 타월)를 출발선에 놓고 그 위에 앉은 다음 시작 신호가 나면 압축기로 방바닥을 밀어서 반환점을 돌아옵니다. 포대에 앉은 상태에서 반환점을 돌아 출발선으로 오는 것이 쉬운 일은 아니므로 반환점과 출발선 사이의 간격은 4~5m 정도가 적당합니다.

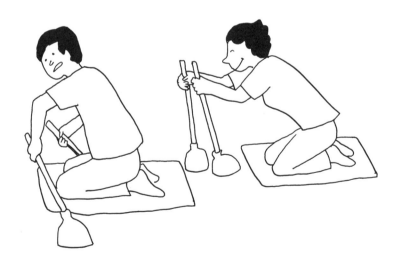

바나나 옮기기

준비물 : 바나나(인원수만큼)　**모둠 형태 :** 5~8명으로 구성된 여러 모둠

바나나를 두 사람당 한 개씩 나누어 줍니다. 모둠별로 두 사람씩 나와 이어달리기 대형으로 서서 바나나 껍질을 벗겨 양끝을 입에 물고 있도록 합니다. 이때 두 사람은 모두 손을 사용할 수 없으므로 바나나를 입에 문 채 바나나가 끊어지지 않도록 조심조심 반환점을 돌아와야 합니다. 바나나가 끊어지면 자기 모둠 중 한 사람이 달려가서 다시 바나나를 건네주세요.

1-068

머리 사이 공

준비물 : 배구공 또는 축구공(모둠 수만큼)　**모둠 형태** : 5~8명으로 구성된 여러 모둠

출발선에서 10m 정도 떨어진 곳에 긴 탁자를 놓고 그 위에 빈 깡통을 모둠 수만큼 놓아둡니다. 2인 1조가 되어 출발선에 서서 축구공(또는 배구공)을 머리 와 머리 사이에 끼웁니다. 이때 손으로 공을 만질 수 없으며 두 사람이 서로 껴안을 수도 없습니다. 시작이 되면 두 사람은 공을 떨어뜨리지 말고 조심조 심 옆걸음질 하여 반환점 탁자 위에 놓인 깡통에 공을 살짝 올려놓고 손을 잡

고 출발선으로 돌아와서는 다음 팀과 교대합니다. 두 번째 팀은 반환점으로 달려가서 깡통 위에 놓인 탁구공을 두 머리 사이에 끼우고 출발선으로 돌아옵니다. 공을 떨어뜨리게 되면 그 자리에서 공을 주워 다시 머리 사이에 끼우도록 하세요.

스타킹 신기

준비물 : 눈가리개, 스타킹, 두터운 벙어리장갑(모둠 수만큼)
모둠 형태 : 5~10명씩 두 모둠을 구성

반환점에 의자를 놓고 그 위에 눈가리개, 스타킹, 두터운 벙어리장갑을 한 켤레씩 놓아두십시오. 시작이 되면 첫 번째 주자는 반환점에 있는 의자로 달려가 앉은 다음 먼저 신발과 양말을 벗습니다. 이어서 눈가리개로 눈을 가리고 벙어리장갑을 낀 다음에 스타킹을 신습니다. 손에 두터운 장갑을 끼고 있기 때문에 스타킹을 신는 것이 쉽지 않습니다. 모두 마치면 이번에는 거꾸로 스타킹 벗기, 장갑 벗기, 눈가리개, 그리고 양말과 신발 신기를 마치고 출발선으로 돌아와 다음 사람과 교대합니다.

1-070

어디가 입인가?

준비물 : 아이스크림, 접시와 숟가락(인원수만큼)
모둠 형태 : 6, 8, 10명씩 짝수로 구성된 여러 모둠

각 모둠은 남녀 두 사람씩 쌍을 이루어 출발선에 정렬하도록 합니다. 시작이 되면 남녀 한 쌍씩 달려 나와서 머리를 맞대고 눕습니다. 여자가 아이스크림을 숟가락으로 떠서 남자에게 먹여주어야 하는데 문제는 남녀 모두 고개를 돌릴 수가 없다는 것입니다. 여자가 아이스크림 그릇을 다 비울 때까지 먹이면 출발점으로 돌아가 다음 팀과 교대하십시오. 아이스크림 위에 초콜릿 시럽을 얹어두면 보는 사람들이 더 즐겁답니다.

Chapter 6

파티 놀이

암흑 속의 살인자

준비물 : 쪽지(인원수만큼) **모둠 형태** : 전체

이 놀이는 깜깜한 방에서 해야 제 맛이니까 밖에서 불빛이 새어 들어오지 못하도록 철저히 차단해 두기 바랍니다. 참가자들에게 쪽지 한 장씩 뽑아가도록 하는데, 그 쪽지에는 '용의자', '살인자', 그리고 '사립탐정'이라는 글이 적혀 있습니다. 이 쪽지는 혼자만 볼 수 있으며 다른 사람들에게 보여주지 마십시오. 따라서 누가 살인자이고 누가 사립탐정인지 도무지 알 길이 없습니다. 대부분의 사람들은 용의자가 되고, 살인자와 사립탐정은 같은 수로 정하되 집단의 크기에 따라 1~3명씩 정합니다. 자! 이제 놀이는 실내의 불이 모두 꺼지는 것으로 시작됩니다. 불이 꺼지면 사람들은 어둠 속을 걷거나 기어다닙니다. 이때 살인자는 어둠 속을 살금살금 돌아다니다가 어떤 사람과 부딪히면 팔로 그 사람의 목을 감고 조르는 시늉을 하면서 귓속말로 "넌 죽었다." 라고 합니다. 잡힌 사람은 "꺅!" 하고 외치면서 그 자리에 쪼그리고 앉아 있도록 합니다. 살인자가 이렇게 사람들을 계속 죽이면서 돌아다니는 동안 탐정들도 살인자를 찾아다닙니다. 어둠 속이어서 살인자가 탐정인 줄도 모르고 탐정의 목을 조르면서 "넌 죽었다."라고 하기도 하는데, 이때 탐정은 자기가 탐정이라는 사실을 밝히거나 반항하지 말고 다만 그 살인자가 누구인지 목소

리를 유심히 듣고 밝혀야 합니다. 탐정은 "꺅!" 하고 죽는 시늉만 할 뿐 다른 사람들처럼 쪼그리고 앉지 않아도 됩니다. 이렇게 하여 시간이 3~5분 정도 지나고 나서 지도자가 "그만! 이제 모두 그 자리에서 일어서십시오." 하고 말한 다음 5초 정도 지나서 불을 켭니다. 지도자는 탐정이 누구인지 손을 들어서 밝히도록 합니다. 탐정이 손을 들고 나오면 나머지 모든 사람들, 그러니까 용의자와 살인자 모두 시치미를 뚝 떼고 서 있습니다. 이제는 탐정이 그들 중 누가 살인자인지를 밝혀내야 합니다. 탐정은 사람들 중에서 2~3명을 살인자로 지명하는데 지도자가 밝히라고 할 때까지 살인자는 가만히 있도록 합니다. 모든 탐정이 살인자를 지목한 다음, 살인자는 손을 들어서 자기가 살인자임을 밝히게 됩니다. 이렇게 하여 탐정이 엉뚱한 사람들을 살인자로 오인했거나 제대로 잡았는지를 확인해 봅니다.

그런 다음 지도자는 쪽지를 모두 모아 같은 방법으로 다시 해 봅시다. 일단 불이 꺼지고 나면 "꺅!" 하는 외마디 외에 아무도 말할 수 없다는 사실을 꼭 기억해 두세요. 참가인원이 20명인 경우에는 살인자와 탐정을 2명씩, 그리고 30명인 경우에는 살인자 3명에 탐정 3명 정도가 적당합니다.

어린 시절 사진

준비물 : 참가자들의 영유아 시절 사진 한 장씩 **모둠 형태** : 전체

모임을 시작하기 전에 미리 준비해둔 참가자들의 영유아 시절 사진을 벽에 붙여 놓습니다. 이때 사진 밑에는 차례로 일련번호만 적어놓고 이름은 적어 놓지 마세요. 참가자들이 모인 자리에서 사진의 주인공이 누구인지 알아맞히는 것입니다. 사진의 주인공을 모두 알아보고 각자 자기 사진을 떼어 들고 이런 저런 이야기를 나누어 보세요. 이 놀이는 참가자들이 자기 초상화를 그 자리에서 그려 벽에 붙여 놓은 다음 그 사람이 누구인지를 알아맞힐 수도 있습니다. 이 경우에는 초상화를 그릴 때 당연히 자기 그림을 다른 사람에게 보여 주지 말아야 합니다.

사과와 이쑤시개

준비물: 사과, 이쑤시개 **모둠 형태**: 5~8명으로 구성된 여러 모둠

중간 크기의 사과를 4등분한 후 각 모둠에 한 개씩 나누어 주고 이쑤시개를 참가자들 모두에게 하나씩 나누어 줍니다. 첫 번째 사람은 사과에 꽂은 이쑤시개를 입에 물고 있도록 합니다. 시작이 되면 두 번째 사람이 물고 있는 이쑤시개로 사과를 찔러서 가져가고 세 번째 사람에게 같은 방법으로 넘겨줍니다. 이때 손을 사용해서는 안 됩니다. 사과에 박힌 이쑤시개는 점점 많아져서 갈수록 힘들어집니다. 이쑤시개에 찔리지 않으려고 애쓰는 사람들의 모습이 재미있습니다. 이쑤시개는 양쪽 끝이 모두 뾰쪽한 것을 사용하십시오. 사과 대신 마시멜로를 사용해도 좋습니다.

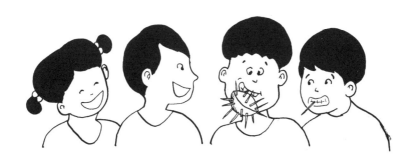

113

종이 한 장 사이

준비물 : 종이 **모둠 형태** : 5~8명으로 구성된 여러 모둠

모둠별로 둥글게 또는 일렬로 섭니다. 첫 번째 사람에게 종이(16절지 종이를 반으로 자른 크기)를 한 장씩 나누어 주고 숨을 들이쉬어 종이가 입에 붙어있도록 합니다. 시작이 되면 그 상태에서 다음 사람에게 종이를 인계하도록 하는데 손을 사용해서는 안 되며 단지 입만 사용할 수 있습니다. 따라서 종이를 입에 대고 있던 사람은 옆 사람이 숨을 들이쉬어 종이를 가져갈 때 살며시 들이쉬던 숨을 그쳐서 종이를 넘겨주도록 합니다. 이렇게 하여 어느 모둠이 마지막 사람의 입에까지 종이를 가장 먼저 옮기는지 겨뤄봅시다.

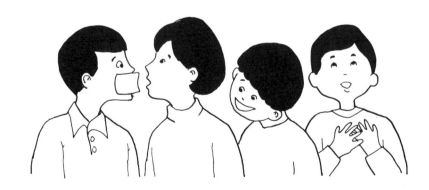

거품 코

준비물 : 면도용 포미   **모둠 형태 :** 5~8명으로 구성된 여러 모둠

모둠별로 앉은 다음 각 열 첫 번째 사람들의 코에다가 면도용 거품(일명 foamy) 을 풍성하게 묻혀주십시오. 시작이 되면 코에 묻어있는 거품을 옆 사람의 코 에 되도록 많이, 풍성하게 묻혀서 넘겨줍니다. 이렇게 하여 맨 나중 사람의 코에까지 거품을 옮기는데, 어느 모둠이 마지막 사람의 코에 거품을 가장 많 이 옮기는지 겨뤄보세요.

코 흘릴 적 친구

준비물 : 립스틱   **모둠 형태** : 5~8명으로 구성된 여러 모둠

2~4모둠으로 나누고 남녀가 교대로 정렬하여 앉습니다. 열 맨 앞사람의 코에 립스틱을 진하게 발라줍니다. 시작이 되면 코에 립스틱을 바른 사람이 옆 사람의 코에 자신의 코를 맞대고 비벼서 립스틱을 묻혀 줍니다. 이렇게 하여 맨 나중 사람에게까지 립스틱을 묻혀주는데 어느 모둠이 가장 많이 묻히는지 겨뤄봅시다.

116

성냥갑 나르기

준비물 : 성냥갑　**모둠 형태 :** 5~8명으로 구성된 여러 모둠

모둠별로 정렬하고 열 첫 번째 사람에게 성냥갑을 하나씩 나누어 준 다음 코와 윗입술 사이에 끼우도록 합니다. 시작이 되면 손을 사용하지 않고 성냥갑을 옆 사람에게 전달하는데 그러다가 성녕갑을 떨어뜨리면 다시 끼운 다음에 계속합니다.

놀이하는 지혜

나는 '종이 한 장 사이(1-074)', '거품 코(1-075)', '코 흘릴 적 친구(1-076)', '성냥갑 나르기(1-077)'와 같은 놀이를 남녀 혼성집단에서 즐겨 하고 있습니다. 지도자는 어떤 경우도 놀이를 빌미로 성적 자극을 유발하는 언행을 해서는 안 됩니다. TV 프로그램에서 성적 자극을 웃음거리로 삼는 경우를 많이 보는데 이런 행위는 정말 옳지 않습니다. 지도자가 이 놀이를 하기 전에 불편한 느낌이 들면 하지 않는 것이 좋습니다. 놀이는 어린이 마음을 가진 사람들만이 즐길 수 있습니다. 지도자는 놀이하는 사람들이 순수하고 편안하게 놀이를 즐길 수 있도록 해야 할 책임이 있습니다.

내가 누구입니까?

준비물 : 쪽지(인원수만큼), 사인펜과 스카치테이프　**모둠 형태 :** 전체

지도자는 역사 인물, 유명 인사, 만화 주인공, 연예인과 같이 일반적으로 잘 알려져 있는 사람들의 이름을 적은 쪽지(10×5cm)를 인원수보다 약간 많이 준비해둡니다. 모임이 시작되면 지도자는 참가자들에게 쪽지를 한 장씩 나누어주고 서로 옆 사람의 등에 테이프로 붙이도록 합니다. 이때 등에 붙인 쪽지에

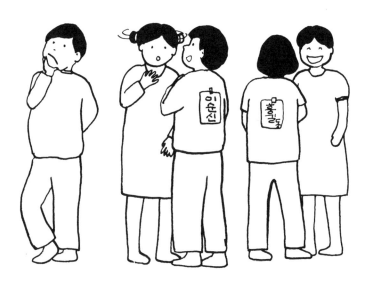

118

적힌 이름을 보지 못하도록 하십시오. 결국 참가자들은 자기 등에 붙은 이름표를 자기만 모르고 다른 사람들은 모두 볼 수 있게 됩니다. 이렇게 모든 사람의 등에 쪽지를 붙이면 놀이가 시작됩니다. 참가자들은 모두 기억상실증 환자들입니다. 그래서 자기가 누구인지를 찾는 여행을 떠나게 된 것입니다. 돌아다니다가 마주치는 사람에게 자기가 누구인지를 물어보는데, 상대방이 "예" 또는 "아니오"라고만 대답할 수 있는 폐쇄된 질문만 할 수 있습니다. 그것도 한 사람에게 단 한 번만 물어보고 헤어져 다른 사람을 찾아가야 합니다. 누가 가장 심각한 기억상실증 환자인지 알아봅시다.

1-079

누가 빨리 마시나

준비물 : 탄산음료(인원수만큼)　**모둠 형태 :** 5~8명으로 구성된 여러 모둠

모둠별로 출발선에 정렬합니다. 시작이 되면 첫 번째 주자들은 앞에 놓인 테이블로 달려가서 탄산음료수 병마개를 따서 급히 마십니다. 음료수를 다 마신 사람은 다시 출발선으로 달려와서 다음 선수와 교대하며, 이렇게 해서 어느 모둠이 가장 먼저 마치는지 겨뤄봅시다.

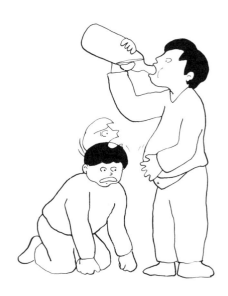

빙고로 만나요

준비물 : 놀이용지와 필기도구(인원수만큼) **모둠 형태 :** 전체

참가자들에게 가로, 세로 각 다섯 칸, 총 25칸이 그려진 인쇄물과 연필을 한 자루씩 나누어 줍니다. 참가자들은 중앙 사각형 안에 자기 이름을 적어 놓은 다음 자유롭게 돌아다니면서 다른 사람들의 이름을 물어 아무 칸에나 적도록 합니다. 이렇게 하여 전원이 25칸을 모두 채웠으면 지도자가 모임에 참가한 사람들의 이름을 하나씩 부릅니다. 호명된 사람은 손을 들어서 자신을 밝히고 다른 사람들은 자기 종이에 그 사람의 이름이 있는지를 확인하여 ▨표시를 해 둡니다. 이렇게 계속하여 가로, 세로, 대각선으로 5개 이름이 ─또는 │자를 이루거나 대각선을 이룬 사람은 그 즉시 "빙고!" 하고 외칩니다. 빙고를 이룬 사람에게는 조그만 행운의 선물을 증정해도 좋겠지요.

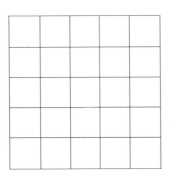

1-081

무슨 맛이지?

준비물 : 우유, 콜라, 간장, 식초, 오렌지주스, 야쿠르트, 소금, 설탕, 참기름 등
모둠 형태 : 3~5명으로 구성된 여러 모둠

두 모둠 이상으로 나눈 후 모둠별로 컵을 하나씩(모둠당 컵 한 개) 들고 모여 앉도록 합니다. 지도자는 물에 녹는 여러 가지 재료를 섞은(맛이 괴상해야 한다) 음료수가 담긴 양동이를 중앙에 놓아둡니다. 각 모둠의 주장은 지도자에게 와서 음료수를 한 컵씩 받아가 모둠원들이 돌아가며 맛을 조금씩 보게 합니다. 1~2분 정도 맛을 본 다음 모둠원들끼리 상의하여 음료수에 무엇이 들어있는지 맞혀보는 것입니다. 그런데 모둠별로 돌아가면서 정답을 얘기할 때 어떤 모둠이

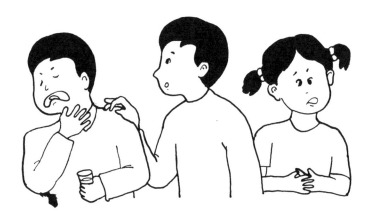

틀린 답을 얘기하면 그 모둠은 벌칙으로 음료수를 한 대접 마셔야 합니다. 벌칙으로 받은 음료수를 깨끗이 마시고 나서 다음 모둠으로 넘어갑니다. 지도자가 가져온 양동이의 음료수가 모두 없어질 때까지 계속 해 보세요. 음료수가 맛이 있다면 아무 재미가 없지요. 그러니 깨끗하지만 먹기는 아주 괴로운 맛을 창조해 보세요.

1-082

1자 만들기

준비물 : 의자(인원수만큼)   **모둠 형태 :** 8명씩 두 모둠을 구성

중앙에 의자 16개(또는 9개)를 정렬하고, 양편에 두 모둠이 정렬합니다. 모둠별로 참가자들에게 고유번호를 하나씩 정해 줍니다. 지도자가 임의로 번호를 부르면 번호에 해당하는 사람들은 의자로 달려가서 앉습니다. 지도자가 번호를 계속 부르는데 두 모둠은 가로, 세로, 대각선 어느 방향이든 네 자리가 합쳐서 1자를 형성하도록 합니다. 먼저 1자를 만든 모둠이 이기게 되며 의자에 앉은 사람은 자리에 돌아가 다시 시작합니다.

누가 가장 길게 부나?

준비물 : 호루라기(모둠 수만큼)　　**모둠 형태 :** 8명씩 두 모둠을 구성

참가자들에게 호루라기를 하나씩 나누어 줍니다. 참가자들이 숨을 크게 들이쉰 다음 지도자가 '시작' 신호를 보내면 호루라기를 불도록 합니다. 이렇게 해서 누가 가장 오랫동안 호루라기를 불 수 있는지 알아봅시다. 호루라기를 부는 동안에는 숨을 두 번 쉴 수 없으며, 호루라기에 손을 대지 않도록 하세요. 이 놀이를 하다 보면 누군가는 엄청난 폐활량으로 오랫동안 호루라기를 불어 사람들을 놀라게 할 겁니다.

만물 가방

준비물 : 가방(잡동사니 물건들 10가지 이상)　**모둠 형태 :** 3~5명으로 구성된 여러 모둠

지도자가 가방 안에서 10가지 이상의 물건을 하나씩 꺼내면서 재미있게 이야기를 털어 놓습니다. 물건 소개가 끝나면 꺼낸 물건을 순서대로 적어보도록 하고 어느 모둠이 가장 정확하게 알아맞히는지 알아봅시다.

기억력 테스트

준비물 : 작은 물건들, 쟁반, 보자기, 필기도구(인원수만큼)　**모둠 형태 :** 3~5명의 여러 모둠

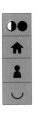

지도자는 사전에 독특한 모양과 무늬가 있는 쟁반을 하나 준비해 놓고 보자기로 씌워둡니다. 사람들에게 종이와 연필을 나누어 주십시오. 지도자는 보

자기를 살짝 벗겨서 참가자들이 쟁반에 있는 물건들을 유심히 관찰하도록 한 다음 다시 보자기를 덮습니다. 이제는 사람들이 기억을 더듬어서 쟁반 위의 물건들을 그려보도록 하십시오. 그림 실력을 알아보는 것이 아니라 얼마나 정확하게 관찰하여 재현하는지를 알아보는 것입니다.

1-086

색깔 있는 물건들

준비물 : 작은 물건들, 쟁반, 보자기　**모둠 형태 :** 3~5명으로 구성된 여러 모둠

여러 가지 색깔의 물건을 10~15가지 정도 준비하여 보자기로 덮어둡니다. 참가자들에게 물건들을 2분 정도 보여주고 다시 보자기로 덮은 다음 기억을 더듬어서 그 물건의 이름과 색깔을 알아맞히는 놀이입니다.

벙어리장갑과 껌

준비물 : 벙어리장갑(모둠 수만큼)과 껌   **모둠 형태** : 5~8명으로 구성된 여러 모둠

2~4모둠을 만들고 각 모둠의 첫 번째 사람에게 인원수만큼의 껌과 벙어리장갑이 들어있는 대봉투를 하나씩 나누어 줍니다. 시작이 되면 첫 번째 사람부터 손에 벙어리장갑을 끼고 대봉투에 들어있는 껌을 하나씩 꺼내 장갑을 낀 상태에서 껍질을 벗겨 먹습니다. 그런 다음 봉투와 장갑을 다음 사람에게 인계하여 마지막 사람까지 계속합니다. 해보면 알겠지만 장갑을 끼고 껌 껍질을 벗기는 것이 쉬운 일은 아니랍니다.

1-088

토마토 옮기기

준비물 : 토마토　　**모둠 형태 :** 5~8명으로 구성된 여러 모둠

모둠별로 정렬하여 앉습니다. 첫 번째 사람에게 토마토를 한 개씩 나누어 준 다음 목에 대고 턱으로 끼우게 합니다. 손은 사용하지 못하도록 뒷짐을 집니다. 시작이 되면 턱만 사용하여 옆 사람에게 토마토를 전달해 줍니다. 토마토를 떨어뜨리면 다시 끼우고 시작하여 마지막 사람에게 빨리 전달해 보세요.

과자 낚시

준비물 : 과자와 실 **모둠 형태 :** 5~8명으로 구성된 여러 모둠

모둠을 나누고 모둠별로 주장이 나오도록 하거나 자원하는 서너 명에게 실로 묶은 과자를 한 개씩 나누어 주고 입으로 실(길이 40cm 정도) 끝을 물도록 합니다. 시작이 되면 실을 물고 있는 이빨과 입술만을 사용하여 실을 야금야금 물어 올려 과자를 따먹도록 합니다. 손은 사용하지 못하도록 뒷짐을 지도록 하십시오. 입에 거의 닿을 만큼 과자를 들어 올렸다가 실을 놓쳐서 헛수고가 되어 버리면 당사자는 황당하겠지만 보는 사람은 더 즐거워지지요.

1-090

날벼락

준비물 : 배구공 크기의 공　**모둠 형태** : 전체

한 사람이 공을 들고 있으면서 이야기를 시작하다가 공을 갑자기 땅에 튀겨 다른 사람에게 넘깁니다. 공을 잡은 사람은 그 말을 재치 있게 받아 넘겨야 합니다. 5초 이내에 말을 잇지 못한 사람은 그 후로 다섯 번 공을 잡지 못하고 쉬어야 합니다. 시간이 지날수록 공은 정신없이 왔다갔다 하면서 빨라지게 되고, 이야기는 자기가 무슨 말을 하고 있는지조차 모를 정도로 얼토당토한 내용으로 나아가게 됩니다.

빨대로 과자 나르기

준비물 : 빨대와 과자(인원수만큼), 고무밴드　　**모둠 형태 :** 5~8명으로 구성된 여러 모둠

모둠별로 정렬한 다음 참가자에게 빨대를 한 개씩 나누어 주고 입에 물도록 합니다. 각 열 맨앞에 있는 사람에게 고무밴드나 구멍이 뚫린 과자를 하나씩 나누어 줍니다. 시작이 되면 빨대에 과자를 꿰어 옆 사람에게 전달하는데, 손을 사용하지 말고 옆 사람이 입에 물고 있는 빨대에 과자를 꿰어서 옮기도록 합니다. 빨대 대신 나무젓가락을 사용할 수도 있으며 고무밴드 대신 종이컵을 사용해도 좋습니다.

섞어찌개

준비물 : 의자 또는 방석(인원수만큼) **모둠 형태 :** 전체

등글게 의자나 방석을 놓고 둘러앉고 지도자는 원 중앙에 서서 참가자들에게 1에서 6번까지 반복하여 번호를 부르도록 한 다음, 1번은 고춧가루, 2번은 설탕, 3번은 마늘, 4번은 파, 5번은 생강, 6번은 참깨라는 식으로 양념을 한 가지씩 정해 줍니다. 지도자는 듣는 사람들이 입에 군침이 돌만큼 재미있게 말로 요리를 하는데 요리를 마치고 나서 "볶아라!"(또는 삶아라, 구워라, 지져라, 데쳐라 중에서 아무 말이나 할 수 있습니다) 하고 외치면 이야기 중에 나왔던 양념에 해당되는 사람들은 그 자리에서 일어나 지도자가 있는 원 중앙을 한 바퀴 돌아서 제자리로 갑니다. 지도자가 이 틈을 타 한 자리를 차지하고 앉으면 가장 늦은 사람은 의자(방석)에 앉지 못하게 되겠지요. 이 사람은 술래가 되어서 다시 입으로 맛있는 요리를 합니다. 요리를 마친 다음 다시 "볶아라!" 하고 외치면 다시 자리를 옮겨야 합니다. 양념의 수를 대는 것은 술래 마음대로 정할 수 있지요. 그러다가 술래가 "섞어찌개" 하고 외치면 모든 사람들이 한꺼번에 다 돌아야 합니다. 이밖에 '식혜', '수정과', '피자' 등과 같은 음식이름을 부르게 되면 그 음식에 들어갈 것 같은 양념은 모두 나오도록 합니다. 놀면서 요리솜씨를 익히기도 하는 즐거운 놀이랍니다.

내 선물은 어디에?

준비물 : 참가자들이 준비한 선물들, 실 **모둠 형태 :** 전체

지도자는 참가자들이 하나씩 준비해 온 선물들을 미리 수집하여 똑같은 실로 묶어두는데 실의 길이가 2m 정도 길게 남도록 하십시오. 그리고 방 한쪽에 선물들을 흩어 놓고 실을 뒤섞어 놓아두되 실 끝은 한쪽에 모아두도록 하세요. 선물교환 시간이 되면 한 자리에 모인 다음 한 사람씩 나와서 실을 뽑도록 합니다. 실들은 모두 뒤엉켜 있어서 실 끝에 어떤 선물이 연결되어 있는지 모른답니다. 그러므로 실을 따라가 자기 선물을 찾으면 그 자리에서 포장을 뜯어 무슨 선물인지 알아보세요. 이렇게 모든 사람들이 선물을 하나씩 가져 갈 때까지 계속합니다.

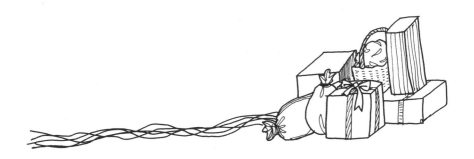

손짓 몸짓

준비물 : 속옷, 걸레, 틀니 등을 담은 상자　**모둠 형태** : 5~8명으로 구성된 여러 모둠

각 모둠에서 술래 한 사람씩 나오도록 합니다. 지도자가 이들에게 상자 안에 들어 있는 물건들(예 속옷, 걸레, 틀니 등 엉뚱한 물건들)을 보여준 다음 한 사람씩 나와서 상자 속에 들어있는 물건을 자기 모둠에게 팔도록 합니다. 이때 술래는 그 물건이 무엇인지를 직접 말할 수 없으며 오직 손짓 몸짓으로만 표현해야 합니다. 이렇게 30초 동안 자기 모둠에게 설명해서 알아맞혀야 하는데 맞히지 못하면 다른 모둠에게로 기회가 돌아갑니다. 이런 방식으로 돌아가면서 즐겨 보세요.

더빙하기

준비물 : 비디오, 텔레비전과 영화(드라마) 일부분을 녹화한 테이프
모둠 형태 : 3~5명으로 구성된 여러 모둠

지도자는 사전에 영화의 한 장면이나 텔레비전 연속극의 몇 장면들을 녹화한 비디오테이프를 준비해둡니다. 한 컷에 2,3분 정도가 적당합니다. 3~5명으로 여러 모둠을 만들고 한 자리에 모여 모니터로 화면을 보여줍니다. 이때 소리는 완전히 죽이고 화면만 보여주도록 하세요. 이렇게 무성영화를 보여준 다음 나름대로 대사를 만들어서 더빙을 하도록 하는 것입니다. 준비하는 시간은 10분이 적당하며 배역을 정하여 모둠별로 더빙하도록 해 보십시오. 희한하고 기발한 대사들이 나올 것입니다. 모든 모둠이 발표를 마치면 실제 대화가 어떤 것이었는지 알아봅시다.

냠냠

준비물 : m&m 초콜릿, 신문지(모둠 수만큼)   **모둠 형태 :** 3~5명으로 구성된 여러 모둠

3~5명씩 모둠을 나누고 각 모둠에게 알알이 초콜릿 한 봉지와 신문지를 한 장씩 나누어 줍니다. 초콜릿 봉지를 뜯어서 초콜릿을 신문지 위에 쏟아 놓은 다음, 시작이 되면 각 모둠에서 한 사람씩 나와 지도자가 정해준 색깔의 초콜릿을 빨리 먹어치우도록 합니다. 가장 먼저 먹어버린 사람이 당연히 이기는 것이 되지만 다른 색깔의 초콜릿도 마구 먹어버린 사람은 당연히 실격이지요.

테이프 옮기기

준비물 : 청테이프　**모둠 형태 :** 5~8명으로 구성된 여러 모둠

참가자들을 두 모둠 이상으로 나누고 정렬합니다. 20cm 정도 길이로 자른 청테이프 접착면이 바깥쪽으로 나오도록 둥글게 이은 다음 열 선두에 있는 사람의 이마에 붙입니다. 시작이 되면 참가자들은 옆 사람의 이마를 맞대어 테이프를 옮겨줍니다. 이렇게 해서 어느 모둠이 마지막 사람까지 가장 빨리 테이프를 옮기는지 겨뤄봅시다. 물론 손은 사용할 수 없습니다.

137

반쪽을 찾아라

준비물 : 스카치테이프, 바구니, 헌 달력이나 잡지 50~60장
모둠 형태 : 3~5명으로 구성된 여러 모둠

지도자는 사전에 풍경사진이나 그림이 그려진 헌 달력(잡지 그림)을 50~60장
정도 준비하여 한 장씩 일일이 가운데를 찢고, 반씩 자른 조각들은 분리해둡
니다. 반 묶음은 방의 중앙에 놓여있는 책상 위에 펼쳐놓고 스카치테이프도
몇 개 올려놓습니다. 그리고 다른 반 묶음은 방 구석구석에 흩어서 펼쳐놓는
데 그림이 보이지 않도록 엎어놓으십시오. 2~4모둠으로 나누고 시작이 되면
책상 위에 놓인 그림을 관찰하고 방바닥에 널려 있는 그림들을 들춰보면서
그림을 맞추도록 합니다. 맞는 그림을 찾으면 그 조각을 책상에 가져와서 테
이프로 붙이고 뒷면에 찾은 사람의 이름을 적어 책상 옆에 놓여있는 바구니
에 넣고 다시 계속합니다. 모두 맞힌 다음에는 바구니에 들어있는 종이를 하
나씩 꺼내들면서 어느 모둠(또는 어느 사람)이 얼마나 맞혔는지 알아봅시다. 좀
더 복잡하고 분주하게 만들기 위하여 그림을 세 조각 또는 네 조각으로 만들
어 진행할 수도 있습니다.

1-099

미용 실습

준비물 : 면도 거품(foamy) **모둠 형태** : 5~8명으로 구성된 여러 모둠

각 모둠에서 가장 머리가 긴 남자를 한 사람씩 무대로 불러내 미리 준비해 둔 의자에 앉힙니다. 그런 다음 여자들이 미용사가 됩니다. 각 모둠에게 면도용 크림을 한 통씩 나누어 주고, 시작이 되면 면도용 거품을 머리에 뿌려 멋진 헤어스타일을 만들어 보십시오. 시간은 5~7분이 적당하며 마친 다음에는 헤어쇼를 열어봅시다.

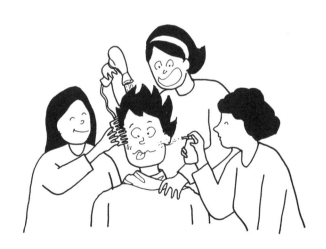

입 대신에 빨래집게

준비물 : 빨래집게(인원수만큼) **모둠 형태 :** 5~8명으로 구성된 2~4모둠

모임의 크기에 따라 2~4모둠으로 나누고 모둠별로 정렬합니다. 모든 사람들에게 빨래집게를 한 개씩 나누어 주고 입에 물도록 합니다. 그리고 첫 번째 사람 앞에 여러 개의 사탕을 담아놓은 접시를 놓아둡니다. 시작이 되면 첫 번째 사람은 입에 물고 있는 빨래집게로 사탕을 물어서 옆 사람에게 전달하는데 이때도 입에 물고 있는 집게만을 사용할 수 있습니다. 사탕을 떨어뜨린 경우에도 손을 사용하지 말고 입에 물고 있는 빨래집게만을 사용해야 합니다. 어느 모둠이 사탕을 모두 마지막 사람에게 빨리 전달하는지 겨뤄봅시다.

반중력

준비물 : 물컵과 음료수　**모둠 형태 :** 5~8명으로 구성된 여러 모둠

각 모둠에서 남녀 한 쌍씩 나옵니다. 벽 아래의 바닥에 비닐을 깔고 그 위에 남자는 엉덩이를 벽에 붙이고 발을 벽쪽으로 치켜 올린 상태로 눕습니다. 말하자면 'ㄴ' 자 모양으로 눕는 것이지요. 그런 다음 여자들에게 물(또는 음료수)을 한 컵씩 나누어 주고 누워있는 자기 짝에게 물 한 컵을 모두 마시도록 부어줍니다. 이런 자세에서 물을 들이킨다는 것이 쉬운 일은 아니랍니다. 어느 쌍이 물 한 컵을 가장 먼저 마시는지 겨뤄봅시다.

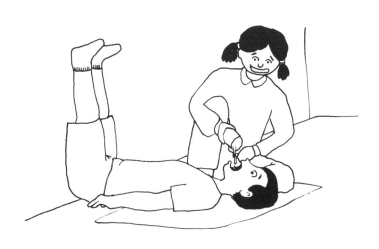

1-102

웃기는 사람들

준비물 : 쪽지(1명당 4장씩), 필기도구 **모둠 형태 :** 전체

참가자들에게 각각 쪽지 네 장, 연필 한 자루씩을 나누어 주세요. 첫 번째 쪽지에 위대한 인물의 이름을 하나 적어보도록 합니다. 두 번째 쪽지에는 "어디에서?"를 적어보도록 합니다. 세 번째 쪽지에다가는 "무엇을 했습니까?"를, 그리고 마지막 네 번째 쪽지에는 "왜?"를 적도록 합니다. 지도자는 이 쪽지들을 따로 모아서 섞은 다음, 다시 1, 2, 3, 4번 쪽지들을 한 장씩 가져가도록 합니다. 온통 뒤섞여 버렸으므로 돌아가면서 발표하는 동안 전혀 엉뚱한 내용들이 나오면서 모두들 한바탕 웃게 될 겁니다. 예를 들면 "(1) 링컨 대통령은 (2) 화장실에서 (3) 거북선을 만들었다. (4) 왜냐고? 배고프니까."라는 식의 얼토당토한 말이 나올 것입니다.

자리다툼

준비물 : 베개 2개　**모둠 형태 :** 5~10명으로 구성된 두 모둠

직경 3~4m의 원을 그린 다음 두 쌍이 원 안으로 들어가서 발목을 묶고 베개를 한 개씩 받아 듭니다. 시작이 되면 상대방을 베개로 마구 때려서 넘어뜨리거나 원 밖으로 몰아내도록 합니다. 모둠별 대항으로 즐겨보세요.

색종이 수집

준비물 : 9가지 색깔의 색종이를 넣어둔 편지봉투(인원수만큼)　**모둠 형태** : 전체

9가지의 색종이가 들어있는 편지봉투를 인원수만큼 만들어서 참가자들에게 한 장씩 나누어 줍니다. 시작이 되면 사람들은 돌아다니면서 다른 사람들과 색종이를 한 장씩 바꿔 자기가 원하는 색깔의 종이 9장을 신속하게 수집하도록 합니다. 한 번에 한 장 이상 교환할 수 없으며 어떤 사람들은 서로 같은 색깔을 모으고 있다는 사실을 알게 되는데, 이때는 거침 없이 방향을 전환해야

합니다. 9명 미만인 경우에는 참가자 수만큼의 색깔을 정하도록 하고, 9명 이상인 경우에는 적어도 9가지의 색종이를 사용해야 합니다.

함정

준비물 : 없음　**모둠 형태 :** 전체

인원수에 적당한 원을 그리고 모든 사람들이 서로 손을 잡고 시계 방향으로 돌면서 노래를 부릅니다. 지도자가 노래를 중단하면 손을 잡은 채로 서로 옆 사람을 원 안으로 밀어 넣습니다. 원 안에 한 발이라도 들어간 사람은 함정에 빠진 것이 되어 벌점으로 1점을 받습니다. 이렇게 여러 번 반복하여 벌점을 가장 많이 받은 사람은 재미있는 벌칙을 받게 됩니다.

1-106

빨대에 반지 걸고

준비물 : 빨대 또는 나무젓가락(인원수만큼), 고리모양의 양파깡(또는 고무밴드)
모둠 형태 : 5~8명으로 구성된 여러 모둠

각 모둠의 첫 번째 사람에게 빨대(또는 나무젓가락)와 고리 모양의 과자를 하나씩 나누어 줍니다. 입에 빨대를 물고 빨대에 과자를 건 다음 시작이 되면 힘차게 달려서 반환점을 돌아 출발선으로 다시 와서는 다음 사람에게 과자를 인계합니다. 이때 손은 사용할 수 없으므로 빨대에서 빨대로 과자를 옮기도록 합니다. 달려가다가 과자를 떨어뜨리면 그 자리에 서서 과자를 주워 빨대에 끼운 다음 다시 뛰도록 하세요.

문장 만들기

준비물 : 놀이용지(**예** 얼씨구나 좋을씨고의 경우에는 한 장에 한 자씩 8장이 됩니다.)
모둠 형태 : 5~8명으로 구성된 여러 모둠

반환점에는 글자를 한 자씩 써놓은 쪽지들이 널려져 있는데 글자가 보이지 않도록 덮어놓으세요. 문장을 구성하는 글자 수가 같아야 합니다(**예** 신나게 놀아봅시다. 얼씨구나 좋을씨고. 자수하여 광명 찾자 등과 같이 8자로 이루어진 문장). 지도자는 완성된 문장이 적혀 있는 쪽지들을 각 모둠에서 첫 번째로 나온 사람에게 한 장씩 뽑도록 합니다. 시작이 되면 첫 번째 사람은 반환점으로 달려가서 종이를 들춰보고는 자기가 찾는 글자를 찾아서 돌아옵니다. 두 번째 주자는 두 번째 글자를 찾아 돌아오는 식으로 하여 마지막 사람이 마칠 때까지 계속합니다.

등 좀 봅시다

준비물 : 색종이와 테이프 **모둠 형태 :** 5~8명으로 구성된 여러 모둠

두 모둠으로 나누고 한 모둠이 반원을 차지하는 방식으로 둥글게 둘러앉습니다. 각 모둠에서 두 사람씩 나와 지도자가 미리 준비해 둔 여러 가지 색깔과 모양의 종이쪽지를 등에 붙입니다. 이때 이 쪽지의 모양과 색깔을 상대방 술래들에게 보여주어서는 안 됩니다. 둘러앉은 사람들은 아무 말도 해서는 안

148

됩니다. 시작이 되면 한 모둠에서 두 명씩 나온 네 사람은 서로 상대방 등 뒤에 그려진 쪽지가 어떤 색깔과 모양인지를 알아맞힙니다. 그러므로 사람들은 자기 것은 감추고, 남의 것은 훔쳐보랴 정신이 없겠죠. 상대방의 쪽지 모양과 색깔을 하나라도 먼저 알아맞힌 사람의 모둠은 1점을 가져가게 됩니다. 같은 방법으로 사람들을 바꿔 계속 해 봅시다.

1-109

배 위에 물건 쌓기

준비물 : 모임 장소에서 사용할 수 있는 잡동사니들
모둠 형태 : 3~5명으로 구성된 여러 모둠

모둠별로 대표 한 사람씩 나와서 눕습니다. 시작이 되면 책, 컵, 과일 등 주위의 물건들을 구해와서 누운 사람의 배 위에 차곡차곡 쌓습니다. 어느 모둠이 물건을 가장 높이 쌓는지 알아봅시다.

우체부 아저씨

준비물 : 없음 **모둠 형태** : 전체

'쏟아진 과일 바구니(1-140)'와 비슷한 놀이입니다. 참가자들은 모두 둥글게 의자(또는 방석)를 놓고 둘러앉고 술래 한 사람을 정하여 원 안으로 들어가도록 합니다. 술래가 앉았던 의자는 밖으로 치워놓습니다. 시작이 되면 우체부 아저씨가 된 술래는 편지를 배달하게 되는데 이리저리 돌아다니다가 '경기도!' 하고 외치면 집이 경기도에 있는 사람들은 모두 앉은 자리에서 일어나 각자 다른 비어있는 자리로 옮겨 앉아야 합니다. 이때 술래도 빈 자리를 찾아가서 재빨리 앉으면 자리를 차지하지 못한 사람이 매번 한 사람 나오게 되는데 이 사람이 다시 술래가 되어 계속하는 것입니다. 우체부는 서울, 부산, 충청북도 등을 외치거나 '전라도에 살지 않는 사람' 하는 식으로 말할 수도 있습니다. 이밖에도 외국에 나가 본 사람, 섬에 사는 사람 등이 있습니다. 우체부가 '속달이요!' 하고 외치면 모든 사람들은 자리에서 일어나 자리를 바꿔 앉아야 합니다. 이때 엉덩이만 살짝 옮겨서 옆 자리에 앉는 사람이 없도록 알려주세요.

신데렐라 1탄

준비물 : 신발, 눈가리개(인원수의 반) **모둠 형태 :** 전체

남녀가 짝을 이룹니다. 여자는 신데렐라가 되어서 원대형으로 놓아둔 의자에 앉습니다. 남자들은 눈가리개를 하고 자기 짝 앞에서 한쪽 무릎을 꿇고 정중히 인사를 드린 다음, 신발을 벗겨서 손에 들고 있도록 합니다. 지도자는 왕자(남자)가 들고 있는 신발을 원 중앙에 던지도록 합니다. 시작이 되면 왕자(남자)들은 눈가리개를 한 채로 원 중앙에 쌓여있는 신발들 중에서 자기 짝의 신발을 찾습니다. 이때 신데렐라들은 가만히 있지 말고 왕자들이 자기 신발을 빨리 찾을 수 있도록 소리 내어 위치를 알려줍니다. 두 짝을 모두 찾아서 신데렐라에게 신겨준 왕자는 눈가리개를 벗고, 마지막 사람이 신발을 찾는 모습을 즐겨보세요.

신데렐라 2탄

준비물 : 신발, 눈가리개(인원수의 반) **모둠 형태 :** 전체

남녀가 짝을 이루고 둥글게 둘러앉습니다. 남자는 먼저 자기 짝의 신발을 유심히 관찰해 두도록 합니다. 놀이가 시작되면 짝을 이룬 두 사람은 말을 하지 않고 단지 독특한 울음소리만으로 신발을 찾아내야 합니다. 그러므로 두 사람은 우선 시작하기 전에 두 사람만이 알아들을 수 있는 울음소리를 정하도록 합니다. 그런 다음 남자들은 눈을 가리고 여자들은 신발을 벗어 원 중앙에 쌓아 놓습니다. 시작이 되면 남자들은 신발더미로 다가가서 자기 짝의 신발을 찾도록 하는데 이때 두 사람은 두 사람만이 통할 수 있는 특이한 울음소리만을 사용할 수 있습니다. 놀이가 시작되면 온통 해괴망측한 소리들로 요란해질 것입니다. 그러므로 신발더미에서 자기 짝의 신발을 찾는다는 것이 결코 쉽지만은 않답니다.

양말 사냥

준비물 : 양말 **모둠 형태** : 전체

둥글게 둘러앉은 다음 모든 참가자들이 양말을 벗어 원 중앙에 모아 놓습니다. 양말을 신지 않은 사람은 손수건을 대신 사용할 수 있습니다. 실내의 전등이 모두 꺼지면 사람들은 즉시 원 안으로 살금살금 다가가서 바닥에 흩어져 있는 양말을 어둠 속에서 줍도록 합니다. 2분 정도 지난 다음 지도자는 중앙에 서 있다가 사람들이 양말을 볼 수 있도록 라이터를 몇 번 깜빡거려 주십시오. 참가자들은 양말이 어디에 놓여 있는지 알게 되므로 지도자는 불을 끄고 나서 바닥에 떨어져 있는 양말들을 다시 흩어 놓은 다음 시작하도록 하십시오. 이 놀이는 모둠을 나눠 할 수 있으며, 나중에 어느 모둠이 양말을 가장 많이 찾는지 알아봅시다.

1-114

손으로 말해요

준비물 : 눈가리개, 바구니, 여러 가지 과일, 공, 행주, 때밀이 **모둠 형태 :** 전체

눈을 가린 사람이 나와서 바구니(또는 나무상자)에 들어있는 여러 가지 물건들을 손으로 꺼내 만져본 후 무엇인지를 알아맞혀봅시다. 이때 한 사람이 나와서 이 사람이 바구니 속 물건들의 이름을 얼마나 맞히는지 숫자를 세어 확인합니다. 두 모둠으로 구성하여 양 모둠에서 한 사람씩 나와 교대로 알아맞히도록 하는 것도 재미있지요. 이 경우에는 모둠별로 바구니를 따로 주고 물건의 종류가 반드시 같을 필요는 없습니다. 물건들은 토마토, 감자, 고구마, 감, 사과, 도토리, 귤, 야구공, 고무공 등 다양하게 준비해둡니다. 손수건, 행주, 때밀이 수건 따위를 곁들여도 좋겠지요.

바람장군

준비물 : 낙엽   **모둠 형태 :** 5~8명으로 구성된 여러 모둠

방바닥에 같은 크기의 사각형을 네 개 그린 다음, 마른 낙엽을 골고루 뿌려 놓습니다. 시작이 되면 네 모둠은 각각 사각형 한 개를 차지하고 낙엽을 입김 으로 불어서 다른 구역으로 날려 보내는데 손은 사용할 수 없습니다. 시간이 다 되면 어느 모둠의 사각형에 낙엽이 가장 적게 남아있는지 알아봅시다.

Chapter 7

맨 몸으로
즐기는 놀이

지진

준비물 : 없음   **모둠 형태 :** 5~10명으로 구성된 세 모둠

세 모둠으로 나누고 약 1m 간격을 두고 3열종대로 의자에 앉습니다. 각 모둠은 샘마을, 달동네, 꽃동네 같은 예쁜 마을이름을 하나씩 정합니다. 그리고 각 모둠의 사람들은 직업을 하나씩 정하도록 하는데, 각 모둠은 지도자가 직업에 따라 정해준 순서대로 다시 정렬하여 앉습니다. 그 다음 지도자가 예를 들어 "꽃동네에 목수가 필요합니다." 하고 말하면 그 즉시 각 마을의 목수들은 의자에서 일어나 자기 모둠을 돌아 원위치로 돌아오는데, 의자에 가장 먼저 돌아온 사람의 모둠이 1점을 얻게 됩니다. 이 놀이는 조금 더 복잡하게 진행할 수 있습니다. 샘마을, 달동네, 꽃동네의 순서인 경우 지도자가 '샘마을'이라고 외치면 사람들은 시계 방향으로 돌아가고, '꽃동네' 라고 외치면 시계 반대방향으로 돌아가야 합니다. 그리고 달동네는 아무 방향이든 괜찮습니다. 잘못 방향을 잡은 사람이 있으면 그 사람은 아무리 빨라도 소용이 없습니다. 지도자가 "지진이다!"라고 외치면 모든 사람이 자리에서 일어나 시계 방향으로 돌아야 하는데 가장 먼저 자리에 앉는 모둠이 점수를 얻게 되지요.

돌아가는 삼각지

준비물 : 의자(인원수만큼) **모둠 형태 :** 전체

참가자들이 의자를 밀착시켜 놓고 둥글게 둘러앉습니다. 술래 한 사람을 중앙에 세우고 그가 앉았던 의자를 밖으로 빼냅니다. 의자에 앉은 사람들은 지도자가 알려주는 대로 해야 합니다. 예를 들면 술래가 "오른쪽으로 4번" 했다면 사람들은 모두 오른쪽으로 네 번째에 있는 의자로 자리를 바꿔 앉아야 하는데, 이때 술래는 잽싸게 빈 의자를 가로채서 앉습니다. 이렇게 하여 술래가 바뀔 때마다 같은 방법으로 계속 해 봅시다.

사치기 사치기 사뽀뽀 1탄

준비물 : 없음 **모둠 형태 :** 전체

참가자들이 둥글게 둘러 앉아서 동작을 먼저 시작하게 될 술래를 정합니다. 시작이 되면 사람들은 모두 '사치기 사치기 사뽀뽀'를 계속 외칩니다. 사람들이 '사치기 사치기 사뽀뽀'를 외칠 때마다 술래는 기발하고 재미있는 여러 가지 동작들을 연속적으로 합니다. 동작은 선이 굵고 큰 것이 좋습니다. 술래가 동작을 시작하면 왼쪽 사람은 그 동작을 계속 따라 하고 이러한 방법으로 왼쪽 사람에게 전염이 되듯 계속 진행합니다. 시간이 점차 지나면서 '사치기 사치기 사뽀뽀'를 외치는 속도를 빨리하고 술래를 바꿔 계속 해 보세요.

사치기 사치기 사뽀뽀 2탄

준비물 : 없음 **모둠 형태** : 전체

참가자들이 둘러앉고 술래가 된 사람이 원 안으로 들어갑니다. 사람들은 모두 함께 "사치기 사치기 사뽀뽀" 하고 외치면서 손으로 무릎을 두 번, 손뼉을 두 번 치는데, 술래 몰래 정한 한 사람이 다른 동작을 하면 나머지 사람들은 술래가 눈치채지 못하도록 하면서 그 동작을 따라 합니다. 술래는 동작을 바꾸는 사람을 찾아내야 하는데 요리조리 살펴보고 있다가 "너지?" 하고 지적합니다. 술래가 알아맞히면 발각된 사람이 술래가 되어서 다시 하고, 틀리면 알아맞힐 때까지 계속합니다.

윙크

준비물 : 의자(인원수의 반만큼) **모둠 형태** : 전체

의자를 둥글게 놓고 여자는 의자에 앉고 남자는 의자 뒤에 섭니다. 그리고 의자 한 개는 비워 놓습니다. 빈 의자 뒤에 서 있는 남자는 앉아 있는 여자들 중 누군가에게 몰래 윙크를 보냅니다. 윙크를 받은 여자는 즉시 의자에서 일어나서 빈 의자로 와야 합니다. 이때 여자의 뒤에 서 있는 남자들은 빈 의자의 뒤에 서 있는 남자가 누구의 짝에게 윙크를 보내는지 유심히 살피다가 자기 짝에게 윙크를 보내면 자기 짝이 빈 의자로 달려가기 전에 여자의 어깨를 손으

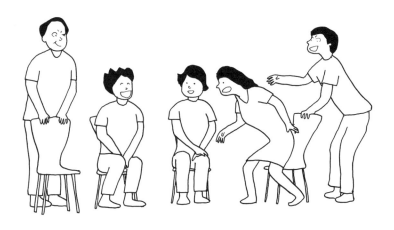

로 쳐서 못 가게 해야 합니다. 그러나 만약 자기 짝이 윙크를 받지 않았는데도 자기 짝의 어깨를 치면 벌점을 받게 됩니다. 물론 짝이 빈 의자로 도망가는 것을 허용해도 벌점을 받게 되지요. 자기 짝을 놓친 사람은 다시 누군가에게 윙크를 보내 짝을 찾도록 합니다. 여자는 윙크를 받는 즉시 도망가야 하며, 도망가다가 잡히거나, 윙크를 받았는데도 모르고 있다가 뒤의 남자에게 잡히면 벌점을 받게 됩니다. 벌점이 세 번 쌓이면 벌을 받게 되니까 조심하세요.

1-121

감정 탐지

준비물 : 없음　**모둠 형태** : 전체

술래 한 사람을 정하고 지도자가 술래에게만 귓속말로 살짝 부사 한 가지를 들려줍니다. 술래는 일체 말을 하지 않고 오직 몸짓mime으로만 그 부사를 설명해야 합니다. 예를 들면, 지도자가 술래에게 "격렬하게"라는 부사를 전달하면, 술래는 '격렬하게' 라는 단어를 몸짓으로 표현해 다른 사람들이 그 단어를 빨리 알아맞히도록 합니다.

1-122

옷 바꾸기

준비물 : 없음   **모둠 형태 :** 5~10명으로 구성된 두 모둠

두 모둠 중에서 한 모둠이 다른 모둠 사람들의 옷을 유심히 살펴본 다음 옆방
으로 이동합니다. 그러면 남아있는 모둠은 옷매무새를 살짝 고치거나 다른
사람과 옷을 바꿔 입습니다. 밖에 나가 있던 모둠이 다시 돌아와서는 잘 관찰
하여 고쳐 입거나 바뀐 상대 모둠의 복장을 이전 상태로 되돌려놓습니다. 같
은 방법으로 두 모둠이 역할을 바꿔 해 보고 어느 모둠이 더 많이 맞히는지
알아봅시다.

뒤죽박죽

준비물 : 없음 **모둠 형태 :** 전체

지도자는 둥글게 둘러앉은 참가자들에게 자기 왼편에 앉은 사람에게 귓속말로 "당신은 ○○을(를) 좋아하십니까?" 하고 물어보도록 합니다. 그러니까 자기의 오른편에 앉은 사람에게서는 질문을 받고, 왼편 사람에게는 질문을 하는 것이지요. 사람들은 이 질문을 잊어버리지 말고 잘 기억해두어야 합니다. 그런 다음 지도자는 사람들이 서로 자리를 바꿔 앉도록 하고 자기가 들은 질문에 대한 대답을 다시 왼편 사람에게 귓속말로 들려줍니다. 자, 그야말로 뒤죽박죽입니다. 이번에는 서로 돌아가면서 들은 이야기를 소개해 봅시다. 예를 들어 내가 들은 질문은 "당신은 뱀탕을 좋아하십니까?" 하는 질문이었는데, 다른 사람으로부터 "네, 나는 늘 그것을 이불 속에 껴안고 자지요." 하는 대답을 들었다면 이 질문과 대답을 연결하여 소개합니다. 그 대답은 어떤 사람이 그에게 "당신은 인형을 좋아하십니까?"라는 질문에 대한 대답이었습니다. 그런데 너무 엉뚱하거나 도무지 연결이 되지 않는 이야기들이 나올 때는 그럴싸한 풀이로 재치있게 답변해 보기 바랍니다.

1-124

관찰력

준비물 : 없음 **모둠 형태** : 전체

참가자들이 현재의 방 안을 유심히 살피도록 미리 시간을 3분 정도 줍니다. 그런 다음 참가자들을 다른 방으로 보내고 방 안의 구조를 살짝 바꿔 놓습니다. 이때 바꾼 내용은 기록해 놓는 것이 좋습니다. 참가자들이 다시 방 안에 돌아오면 종이와 연필을 주고 각자 방의 구조에서 바뀐 내용을 종이에 적도록 합니다. 누가 가장 많이 맞히는지 알아보세요.

방에 변화를 주는 일들

- 쓰레기통 위치를 옮겨놓습니다.
- 책상 위에 놓인 연필을 돌려놓습니다.
- 펼쳐 있는 책의 페이지를 바꿔 놓습니다.
- 액자의 위치를 바꿉니다.
- 어두운 빛의 전구를 밝은 빛의 전구와 바꿔서 켜 놓습니다.
- 작은 양탄자(또는 방석)를 옮겨놓습니다.
- 창문을 살짝 열어놓습니다.

호랑이 · 고양이 · 지렁이

준비물 : 없음 **모둠 형태** : 전체

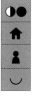

참가자들은 둥그렇게 원을 만듭니다. 모든 참가자들은 고양이가 되며, 고양이(본인) 오른편에 있는 사람이 호랑이, 왼편에 있는 사람이 지렁이가 됩니다. 이 놀이는 네 박자에 의해서 진행되는데 먼저 술래가 참가자들 중 한 사람을 지목하면서 호랑이 또는 지렁이를 불러 왼편, 오른편을 결정하면, 지목받은 사람은 술래가 결정한 사람의 이름을 박자에 맞춰 크게 불러야 합니다. 예를 들어 홍길동의 오른편에 심청이가 있고 왼편에 춘향이가 있다면 술래가 무릎을 치면서 '홍길', 손바닥을 마주치면서 '동' 한 후, 오른손 엄지를 펴면서 '호랑(지렁)', 왼손 엄지를 펴면서 '이(이)' 하면, 지목받은 '홍길동'은 두 손으로 무릎을 치고, 손바닥을 마주친 후 오른손 엄지손가락을 펴면서 '심청(춘향)'을 한 다음 왼손 엄지손가락을 펴면서 '이(이)' 하면 됩니다. 계속해서 지목받은 사람이 술래가 되어 박자를 끊지 않고 놀이를 계속합니다. 또한 술래가 '호랑이(지렁이)' 대신에 '심청이(춘향이)'를 하면 홍길동은 '호랑이(지렁이)'를 해야 합니다. 이 놀이가 어느 정도 진행된 다음 잘 틀리는 사람에게 술래가 박자에 맞춰 그 사람 이름을 부른 후 '고양이'를 부르면 그 사람은 자기 자신을 가르키는지 모르고 더욱 어리둥절해 하는 모습 또한 재미있습니다.

고 · 백 · 점프

준비물 : 없음 **모둠 형태** : 전체

둥글게 둘러앉고 세 박자(무릎을 치면서 한 박자, 손바닥 치면서 두 박자, 양손의 엄지손가락을 세우면서 세 박자)에 맞춰 세 번째 박자에 숫자를 1부터 세기 시작합니다. 이때 7의 배수가 되는 숫자나 7이 들어가는 숫자에서는 숫자 대신 고, 백, 점프 중 한 가지를 불러야 합니다. 즉, 1, 2, 3, 4, 5, 6, 고(백 또는 점프), 8, 9, 10, 11, 12, 13, 고(백 또는 점프), 15, 16, 고(백 또는 점프), 18… 과 같이 진행됩니다. 여기서 7의 배수나 7이 들어가는 숫자에 위치한 사람이 '고'를 부르면 위의 예와 같이 순서대로 진행하면 되고, '점프'를 부르면 다음에 올 숫자자리에 위치한 사람을 건너뛰고 그 다음 사람이 숫자를 받아서 이어나갑니다. '백'을 부르면 숫자의 진행방향이 반대방향으로 바뀝니다. 예를 들어 오른쪽으로 돌아가면서 게임이 진행될 때 7의 자리에 위치한 사람이 '고'를 하면 그 바로 오른쪽 사람이 '팔'을, '백'을 하면 왼쪽 사람이 '팔'을, '점프'를 하면 오른쪽으로 한 칸 건너 있는 사람이 '팔'을 하면 됩니다. 7의 배수 외에도 5의 배수, 3의 배수 등으로 응용할 수 있으며, 두 가지 숫자의 배수를 함께 섞어서 할 수도 있습니다. 또한 세 박자를 한 박자로 줄이거나, 고, 백, 점프 외에도 '백 점프'를 넣어서 반대방향으로 한 칸 건너뛰게 할 수도 있습니다.

개 씨름

준비물 : 없음 **모둠 형태 :** 5~8명으로 구성된 여러 모둠

두 모둠으로 나누어 각 모둠에서 한 사람씩 중앙에 나옵니다. 두 사람은 배를 위로 하여 엉덩이를 치켜 든 상태에서 상대방의 어깨를 서로 밀칩니다. 이렇게 하여 어깨나 엉덩이가 먼저 땅에 닿는 사람이 집니다. 이긴 사람은 다른 사람과 다시 겨루는 식으로 계속하십시오.

멋쟁이 웅변가

준비물 : 없음 **모둠 형태 :** 전체

참가자 전원이 둘러앉고 먼저 웅변할 사람을 정합니다. 웅변 주제는 여행, 어떤 유명한 사람의 전기, 연애편지, 정치적 이슈, 난처했던 기억들 등 자유롭게 정합니다. 단, 처음 사람은 그 문장의 첫 단어만을 이야기할 수 있습니다. 그 다음 사람은 이 단어를 받아서 이어지는 문장을 만듭니다. 웅변은 이런 식으로 계속 이어지는데 싱거워 보이지만 정작 하게 되면 매우 흥미진진하게 이어질 것입니다.

말 잇기

준비물 : 없음 **모둠 형태** : 전체

원대형으로 둘러앉고 술래 한 사람을 정합니다. 술래가 먼저 30자 이내의 말
을 하면 옆에 앉은 사람들이 이 말을 받아서 계속 30자 이내로 이야기를 엮
어가는 말 잇기 놀이입니다. 소재는 다양하게 할 수 있으며 이야기가 엉뚱하
게 전개되어 배꼽 잡는 일이 벌어지기도 합니다. 네 사람이 한 가지 이야기
를 꾸미는 것이 적당하며, 다섯 번째 사람이 다시 술래가 되어 다른 소재로
계속합니다.

예, 아니오

준비물 : 없음 **모둠 형태 :** 5~10명으로 두 모둠을 구성

두 모둠에서 한 사람씩 나와서 한 사람은 질문하고 다른 사람은 대답을 하도록 하는데 "예"라고 해야 할 대답에서는 "아니오"를 "아니오"라고 해야 할 대답에는 "예"라고 반대로 답해야 합니다. 가위바위보를 통해 묻고 대답하는 순서를 정하는데, 이긴 사람이 먼저 10가지를 질문한 다음에 진 사람이 10가지를 질문합니다. 질문과 대답을 진행하는데 질문 내용(난처한 질문, 엉뚱한 질문 등)에 따라 흥미롭게 진행될 수 있습니다.

하하하

준비물 : 없음 **모둠 형태 :** 전체

한 사람이 바닥에 편안한 자세로 눕고, 다음 사람은 그 사람의 배를 베개 삼아 머리를 대고 직각 방향으로 눕습니다. 이렇게 계속하여 그림과 같이 연결하여 누워봅시다. 이제 첫 번째 사람이 "하" 하고 웃고, 두 번째 사람이 곧바로 "하하", 세 번째 사람이 "하하하" 하고 계속 이어갑니다. 참가자들에게 '하' 소리를 정확히 하도록 하면서 계속 진행하다 보면 머리를 얹어 놓은 다른 사람의 배가 울렁거리고 간지러워서 정신없이 웃을 수밖에 없습니다.

1-132

등에 그림 전달하기

준비물 : 없음 **모둠 형태 :** 5~8명으로 구성된 여러 모둠

각 모둠의 첫 번째 사람에게 종이와 연필을 한 자루씩 나누어 주고 마지막 사람에게는 물건 이름(예 꽃병, 연필, 책 등)을 하나 귓속말로 알려줍니다. 시작이 되면 맨 뒤의 사람이 바로 앞에 앉은 사람의 등에다가 손으로 그 물건을 그립니다. 이때 말을 해서는 안 됩니다. 이렇게 하여 맨 앞사람에게까지 오면 그 사람은 가지고 있던 종이 위에 연필로 그 물건을 그려 보십시오. 맞을 때도 있지만 엉뚱한 그림이 나올 때도 많습니다. 이 놀이는 등에 그림을 그리는 대신에 짧은 문장을 쓰게 할 수도 있습니다.

제스처 놀이

준비물 : 없음 **모둠 형태 :** 전체 또는 두 모둠으로 구성

한 사람씩 나와서 10자 이내의 간단한 문장을 팬터마임으로 표현하면, 나머지 사람들은 동작을 보고 그 문장을 정확히 알아맞히는 놀이입니다. 참가자들이 많은 경우에는 두 모둠으로 나누어 즐길 수 있습니다. 〈가〉모둠과 〈나〉모둠으로 나누고 두 모둠은 15자 이내의 재미있는 짧은 문장을 적은 쪽지들을 〈가〉모둠은 〈나〉모둠의 상자에 〈나〉모둠은 〈가〉모둠의 상자에 넣어둡니다. 시작이 되면 〈가〉모둠 중에서 한 사람이 나와 〈가〉모둠의 상자에서 쪽지 하나를 꺼내고 이를 온갖 몸짓으로 표현하여 〈가〉모둠 사람들이 빨리 알아맞히도록 합니다. 〈가〉모둠이 맞히면 지도자는 그때까지의 시간을 재서 기록해 두고 이번에는 〈나〉모둠이 합니다. 이런 순서로 계속해 보고 어느 모둠이 많이, 빨리 맞히는지 겨뤄봅시다.

1-134

사건 메들리

준비물 : 없음 **모둠 형태 :** 5~8명으로 구성된 여러 모둠

실제로 있었던 일들을 서로 소개하고 이 사건들을 소재로 촌극을 재미있게 꾸며 보는 놀이입니다. 5~8명씩 모둠을 나누고 최근에 겪은 재미있었던 일, 봉변당했던 일, 또는 엉뚱한 사건을 한 사람이 2분 동안 한 가지씩 소개하는 시간을 가진 다음 지금까지 나눈 이야기들을 재미있게 엮어 촌극을 꾸미도록 합니다. 서로 연관되지 않은 이야기들이기 때문에 사람들을 난처하게 만들기도 하지만 머리를 맞대고 고민하는 과정에서 기발하고 기막힌 촌극이 만들어질 것입니다. 촌극을 준비하는 시간은 20~25분 정도가 적당합니다.

생각 잇기

준비물 : 없음 **모둠 형태 :** 전체

둥글게 둘러앉아서 한 사람씩 자기가 잘 알고 있는 사물에 대해 한 가지씩 생각해 보도록 하는데 말하지는 않도록 합니다. 그런 다음 첫 번째 사람이 자신이 생각한 사물을 말하면 차례로 돌아가면서 그 다음 사람이 자신이 생각한 것과 처음 사람이 생각한 것과 어떻게 같은지를 설명해야 합니다. 이렇게 되면 희한한 생각들이 떠오르게 되어 웃음바다가 될 것입니다. 예를 들어, 첫 번째 사람이 "나는 햄버거를 생각했어요."라고 이야기하면 두 번째 사람은 나는 "새 차를 생각했어요. 새 차를 타고 가게로 가서 햄버거를 사왔기 때문에 내 생각은 당신의 생각과 같아요."라고 말할 수 있으며, 세 번째 사람은 "나는 집을 생각했어요. 햄버거 안의 고기는 집에 있기 때문에 내 생각은 당신의 생각과 같아요."라고 이야기할 수 있습니다.

일장연설

준비물 : 없음 **모둠 형태** : 전체

지도자가 일장연설을 하는 동안 참가자들은 지도자의 몸동작에 따라 즉각적으로 반응해야 합니다. 즉 지도자가 연설을 하면서 오른손을 들면 사람들은 "옳소!" 하고 외치고, 왼손을 들면 신나게 박수를 치도록 하며, 두 손을 들면 "와!" 하고 함성을 지르도록 하는 것입니다. 이 놀이는 지도자가 얼마나 재미있는 소재로 이야기를 진행하는가에 따라 분위기가 좌우되지만, 참가자들 중에서 괴짜들이 출현해 배꼽을 쥐게 하는 경우도 많습니다.

그 다음이 뭐더라?

준비물 : 없음　**모둠 형태 :** 전체

사람들이 자연스럽게 흩어져 있는 상태에서 지도자가 사람들에게 "옆에 있는 사람들과 악수를 나누십시오."라고 말합니다. 그런 다음 지도자는 다시 "옆 사람과 악수를 나누고 발바닥을 마주 댄 상태에서 상하로 흔들어보십시오." 라고 합니다. 사람들이 마친 다음에는 "옆 사람과 악수를 나누고 발바닥을 서로 댄 상태에서 상하로 흔든 다음 손을 놓고 서로 어깨를 마주 대고 슬슬 긁어주십시오." 하는 식으로 한 가지씩 늘려 10가지를 해 봅니다. 맨 처음에는 쉬워 보이지만 가짓수가 점차 많아질수록 사람들은 처음의 것들을 깜빡 잊어버리게 됩니다. 지도자는 사전에 기발한 동작들을 준비해두세요.

동작의 예

- 옆 사람과 악수를 하면서 손을 크게 흔드세요.
- 방 바닥에 앉아서 양 발바닥을 서로 맞대고 둥글게 원을 세 번 그려보세요.
- 하품을 하면서 기지개를 펴십시오.
- 쭈그려 뛰기를 10회 하십시오.
- 공중제비를 두 번 하십시오.

1-138

희한한 사람들

준비물 : 없음 **모둠 형태** : 전체

원대형으로 둘러앉는데 참가자가 많은 경우에는 2~3개의 원을 만들어도 무방합니다. 지도자는 참가자들이 자기의 바로 오른쪽에 있는 사람에게 "당신은 아무개입니다." 하고 귓속말로 해 주도록 합니다. 이때 실제 이름을 사용하는 것이 아니라 가상이름인 다른 사람의 이름을 말해 줍니다. 이번에는 방향을 바꿔 왼쪽 사람에게 "당신은 지금 ○○에 있습니다." 예를 들어, "화장실에 있습니다." 하는 식으로 이야기하도록 합니다. 모두 마치면 일제히 자리에서 일어나 자리를 바꿔 앉습니다. 다시 한 번 같은 방법으로 하는데 오른쪽 사람에게는 '입고 있는 의복이나 장신구 등' 에 관해 이야기하고 왼쪽 사람에게는 '그 사람이 지금 무엇을 하고 있는지' 를 간단히 이야기해 줍니다. 그런 다음 자기가 들은 이야기를 서로 소개하는 시간을 가져보세요. 정말 엉뚱한 이야기가 이어질 것입니다.

빈 자리를 찾아서

준비물 : 의자(인원수만큼) **모둠 형태 :** 10~15명으로 구성된 두 모둠

인원수만큼의 의자를 반으로 나누어서 5~7m 정도 떼어 두 줄로 나란히 정렬해 놓습니다. 일단 모두 의자에 앉았다가 일어서서 뒤돌아서게 한 다음 양쪽에서 의자를 한 개씩 빼냅니다. 시작이 되면 사람들은 재빨리 반대편으로 달려가서 의자를 차지하고 앉습니다. 양쪽에서 의자를 한 개씩 빼버렸기 때문에 자연히 두 사람은 의자에 앉을 수 없게 되므로 그 사람들은 잠시 쉬도록 하십시오. 이런 방식으로 마지막 두 사람이 남을 때까지 계속합니다. 밤중에 할 때는 방안의 모든 전등을 끄고 깜깜한 상태에서 할 수 있습니다. 이때는 지도자가 손전등을 들고 있다가 시작이 되면 깜빡깜빡 켰다 껐다 하는 상태에서 빈 의자를 찾아 앉도록 합니다.

1-140

쏟아진 과일 바구니

준비물 : 없음 **모둠 형태 :** 전체

참가자를 원대형으로 앉힌 다음 중앙에 술래 한 사람을 세웁니다. 참가자들을 다섯 명씩 끊어서 첫 번째 사람은 포도, 두 번째 사람은 수박, 세 번째 사람은 사과, 네 번째 사람은 배, 다섯 번째 사람은 다시 포도의 순으로 이름을 정해 줍니다. 술래는 과일장수가 되어 원 중앙에 서서 네 가지 과일 이름들 중 한 가지 또는 그 이상을 호명하면 그 사람들은 자리에서 일어나 재빨리 다른 자리로 옮겨야 하는데 이때 술래도 재빨리 빈 자리를 찾아 앉도록 합니다. 그러다 보면 한 사람은 늘 자리를 차지할 수 없게 되지요. 술래가 "과일 바구니가 쏟아졌다!"라거나 "떨이요!" 하고 외치면 모두 일어나서 자리를 바꿔야 합니다.

앉은뱅이 장사

준비물 : 없음 **모둠 형태 :** 전체 또는 5~8명으로 구성된 여러 모둠

참가자들은 모두 팔짱을 낀 채 쪼그리고 앉습니다. 시작이 되면 사람들은 쪼그린 채로 돌아다니면서 다른 사람들을 쓰러뜨립니다. 마지막까지 살아남은 사람이 앉은뱅이 장사가 되는 영광을 누립니다.

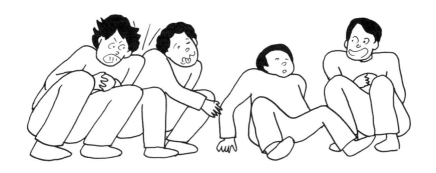

누구인가요?

준비물 : 없음 **모둠 형태** : 전체

지도자는 사람들 중 한 사람에게 12달 중에서 아무 달이나 하나 말하도록 합니다. 그 사람이 만약 "3월" 하고 말한다면 그 모임에 참가한 사람들 중에서 생일이 3월에 있는 사람은 손을 들어서 알립니다. 모임의 크기에 따라 다르겠지만 3월에 생일이 들어있는 사람이 한 사람도 없는 경우도 있고 또 여러 사람들이 있을 때도 있겠지요. 이때는 다시 "생일이 3월 15일에 가장 가까운 사람" 하고 다시 물어봅니다. 생일이 가장 근접해 있는 사람에게 사람들은 축하의 박수를 쳐주고 그 사람이 다음 놀이에서 술래가 됩니다. 생년월일, 신장, 몸무게, 충치 수, 지갑에 들어있는 돈 또는 카드 등을 불러서 그 수치에 가장 근접해 있는 사람이나 모둠에게 점수를 주는 방법으로 진행해 봅시다. 엉뚱한 질문을 많이 준비할수록 재미있어집니다.

이웃을 사랑하십니까?

준비물 : 의자(인원수만큼) **모둠 형태 :** 전체

술래가 원형으로 앉은 사람들 중 아무에게나 찾아가서 "이웃을 사랑하십니까?" 하고 물으면 그 사람은 "예" 또는 "아니오" 하고 대답합니다. "예" 하면 술래는 다른 사람을 찾아가고, "아니오" 하면 술래와 다른 참가자들은 목소리를 모아서 "그럼 누구?" 하고 그 사람에게 다시 묻습니다. 이때 그 사람은 "아무개와 아무개" 하고 두 사람의 이름을 크게 부르면 양옆에 있는 사람과 호명

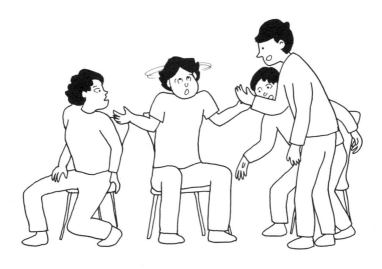

받은 두 사람은 신속히 자리를 바꿔 앉습니다. 이때 술래도 재빠르게 한 자리를 차지하므로 남은 한 사람이 다시 술래가 됩니다. 대답은 "예쁜 사람을 사랑합니다.", "똑똑한 사람을 사랑합니다."라는 식으로 모호하게 하거나, "검은색 양말을 신은 사람을 사랑합니다.", "모든 사람을 사랑합니다."라는 식으로 하면 되지요.

진기명기

준비물 : 없음　**모둠 형태** : 5~8명으로 구성된 여러 모둠

3~4모둠으로 나누고 각 모둠별로 주장을 한 사람씩 정하도록 합니다. 지도자가 "여러분 모둠에서 입이 가장 큰 사람 나오세요." 하는 식으로 주문하면 주장은 자기모둠에서 가장 자신 있는 사람을 모셔옵니다. 이렇게 모인 각 모둠의 대표들이 경연을 벌이면서, 엉덩이가 가장 큰 사람, 목소리가 가장 큰 사람, 꼴등을 해 본 사람, 희한한 재주를 가진 사람 등을 모실 수 있습니다.

경찰과 도둑

준비물 : 없음 **모둠 형태 :** 전체

술래 두 사람을 제외한 나머지 사람들은 안쪽을 향해 양손으로 무릎을 잡고 허리를 굽힌 상태에서 원대형으로 정렬합니다. 술래는 경찰과 도둑이 되며, 경찰은 도둑을 잡아야 합니다. 두 사람은 말타기식으로 등을 타고 넘는데, 도둑이 잡힐 것 같으면 재빠르게 사람들 사이에서 허리를 굽힙니다. 그러면 그 앞사람이 도둑이 되어 도망가야 하는데, 잡히면 경찰과 도둑은 역할을 바꿔 다시 시작합니다.

1-146

공중에 뜬 발바닥

준비물 : 없음 **모둠 형태 :** 전체

인원수에 따라 적당한 크기로 원을 그리고 참가자 모두 원 안으로 들어갑니다. 시작이 되면 사람들은 각자 다른 사람들의 두 발이 모두 땅에서 떨어지도록 몸을 통째로 들어올리거나 손으로 발을 잡고 들어올립니다. 두 발 중 하나가 땅에서 떨어졌다가도 나머지 한 발이 떨어지기 전에는 다시 땅에 댈 수 있습니다. 두 발 모두 땅에서 떨어진 사람은 탈락하여 원 밖으로 나가야 하며 마지막까지 살아남은 사람이 누구인지 겨뤄봅시다. 이 놀이는 두 모둠으로 나누어서 할 수 있으며 이때도 마지막까지 살아남은 사람의 모둠이 이깁니다.

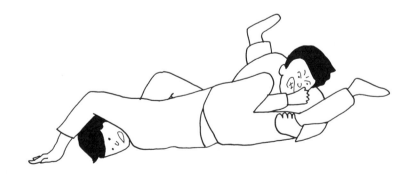

Chapter 8

풍선 놀이

풍선 로켓

준비물 : 없음 **모둠 형태** : 5~8명으로 구성된 여러 모둠

2~4모둠으로 나누고 이어달리기 대형으로 정렬합니다. 각 모둠의 첫 번째 사람은 풍선을 크게 불어 꼭지를 묶지 않고 그대로 잡고 있습니다. 시작이 되면 잡고 있는 풍선을 놓아보십시오. 그러면 손에서 떠난 풍선은 앞으로 나아가기보다는 제멋대로 날아가버려서 어디로 날아갈지 도무지 예측 불허랍니다. 바람이 빠져버린 풍선은 바닥에 떨어지고마는데, 떨어진 바로 그 지점에서 다시 풍선을 불어 날려보내는 식으로 하여 결승선을 통과합니다. 이렇게 해서 결승선을 넘으면 다음 사람이 다시 같은 방법으로 풍선을 불어서 날려보내세요. 출발선에서 결승선까지의 거리는 4~5m 정도가 적당합니다.

190

몽둥이로 풍선 터트리기

준비물 : 풍선, 종이몽둥이, 실 **모둠 형태** : 5～10명으로 두 모둠을 구성

직경 5m 정도의 원을 그리고 두 모둠이 원 안으로 들어가도록 합니다. 모둠
별로 색깔이 다른 풍선을 하나씩 나누어 주고 각자 크게 불어서 끈으로 등 뒤
에 매달고 신문지를 말아서 종이몽둥이도 하나씩 만듭니다. 시작이 되면 자
기 풍선을 지키면서 다른 모둠 사람의 풍선을 몽둥이로 때려 터트리도록 합
니다. 풍선이 터진 사람은 그 자리를 잠시 떠나도록 하고 어느 한 모둠의 풍
선이 모두 터질 때까지 계속합니다.

풍선 야구

준비물 : 없음 **모둠 형태** : 5~8명으로 구성된 여러 모둠

바닥에 타석과 베이스를 적당한 간격으로 그립니다. 두 모둠으로 나누어 공격과 수비를 정합니다. 1번 타자가 타석에 들어서서 들고 있던 풍선을 주먹으로 세게 쳐 공중으로 높이 띄운 다음 달려가 베이스를 밟고 다시 돌아옵니다. 이때 수비 모둠은 입으로 바람을 불어서 공중에 뜬 풍선이 빨리 땅에 떨어지도록 하고 풍선이 땅에 닿는 순간 몸을 덮쳐서 풍선을 터트립니다. 풍선을 손으로 잡아서 터트리면 안 됩니다. 풍선이 디지기 전에 타자가 타석으로 돌아오면 득점이 되고 타석으로 돌아오기 전에 풍선이 터지면 아웃이 됩니다. 스리아웃이 되면 공수를 교대하는데 루 간 거리는 참가자의 연령에 따라 적당히 정하면 됩니다.

지뢰밭 통과

준비물 : 눈가리개, 의자, 책, 바가지, 쓰레기통과 같은 물건들, 풍선
모둠 형태 : 5~8명으로 구성된 여러 모둠

놀이를 시작하기 전에 방바닥 구석구석에 지뢰(의자, 책, 바가지, 쓰레기통 따위의 물건들)를 놓아둡니다. 물을 살짝 넣은 풍선들을 천장에 매달아 놓으면 훨씬 흥미진진해집니다. 2~4모둠으로 나누고 모둠에서 한 사람씩 나와서 눈가리개를 합니다. 시작이 되면 한 사람씩 눈을 가린 채 지뢰밭을 통과하는데 모둠 동료들은 자기편 선수가 지뢰를 밟거나 건드리지 않도록 큰 소리로 방향을 잡아줄 수 있습니다. 지뢰를 건드린 사람은 벌점으로 10초를 받게 되는데, 통과하는 데 걸린 시간에 지뢰를 건드려 받은 벌점 10초를 더한 것이 점수가 됩니다.

물론 통과시간이 짧을수록 좋지요.

여러 모둠의 사람들이 동시에 통과할 수도 있는데 이때는 억울한 일이 벌어지기도 해 더욱 흥미진진해지지요. 즉, 다른 모둠 사람이 건드린 지뢰가 굴러가서 엉뚱하게도 옆에서 걷던 다른 사람을 건드릴 수가 있기 때문입니다. 이유야 어찌 됐든 몸에 지뢰가 닿으면 예외 없이 벌점을 받게 됩니다. 각자 자기 편에게 외치는 소리들이 엉켜서 금세 아수라장이 되어버립니다. 지도자는 거짓 정보로 상대편 사람을 골탕 먹이는 일이 벌어지지 않도록 주의하십시오.

마지막으로 눈을 가린 사람을 고의적으로 골탕먹일 수도 있답니다. 시작하기 전에 선수 몰래 물건의 위치를 바꾼다던가, 아예 나머지 사람들과 짜고 물건을 몽땅 치워버리는 것입니다. 그러면 영문도 모른 채 지뢰를 밟지 않으려고 애쓰는 사람의 모습을 보는 재미가 그만입니다.

백짓장도 맞들면 낫지요

준비물 : 숟가락(인원수만큼), 비치볼, 풍선, 종이상자, 베개 등(모둠 수만큼)
모둠 형태 : 3~5명으로 구성된 여러 모둠

모둠을 만들고 모든 사람들에게 숟가락을 한 개씩 나누어 주십시오. 모둠별로 물건을 나르는데 오직 들고 있는 숟가락만을 사용하도록 합니다. 즉, 시작이 되면 출발선에 놓여있는 물건(비치볼, 풍선, 라면상자 크기의 종이상자, 가벼운 베개 따위)을 전원이 달려들어 숟가락으로 목적지까지 신속하게 옮깁니다. 물건을 떨어뜨리면 출발선으로 돌아와서 다시 시작해야 합니다.

눈 가리고 풍선 터트리기

준비물 : 눈가리개, 풍선, 밀가루   **모둠 형태 :** 5~8명으로 구성된 여러 모둠

2~4모둠을 만들고 둥글게 둘러앉습니다. 각 모둠에서 2~3명이 원 안으로 들어오고 눈가리개를 합니다. 그런 다음 지도자가 풍선(색깔별로 풍선의 수가 같아야 한다)을 원 안으로 던져 흩어놓습니다. 지도자가 모둠별로 풍선 색깔을 정해 주면 눈을 가린 사람들은 지시받은 색깔의 풍선들을 찾아 엉덩이로 터트리도록 하는데 손은 사용할 수 없습니다. 눈이 가려졌으니 풍선을 찾기도 어렵거니와 자기의 색깔을 찾아내기란 불가능하므로 원에 앉아있는 동료들이 풍선을 찾을 수 있도록 큰 소리로 알려줍니다. 정해진 시간 내에 어느 모둠이 가장 많이 터트렸는지 알아봅시다. 사람들 몰래 밀가루나 물을 약간 넣어둔 풍선들을 몇 개 끼워 두면 재미있는 일이 벌어지겠지요.

십자 풍선 배구

준비물 : 노끈, 풍선 **모둠 형태** : 3~5명으로 구성된 4모둠

방의 네 귀퉁이에 의자를 놓고 노끈을 매거나 사람들이 노끈을 붙잡도록 해서 중앙에 노끈이 1m 높이에서 X자가 되도록 합니다. 네 모둠으로 나누고 각각 한 진영씩 차지하여 엉덩이를 바닥에 대고 앉습니다. 모둠당 풍선을 2~4개씩 나눈 다음 시작이 되면 풍선을 손으로 사정 없이 때려서 다른 모둠 진영으로 넘깁니다. 지도자는 적당한 시간에 중지시키는데 중지된 순간 자기 진

영에 들어있는 풍선의 수가 바로 벌점이 되므로 풍선의 수가 적은 것이 좋습니다. 같은 방법으로 여러 번 반복하여 어느 모둠이 가장 벌점이 적은지 알아봅시다. 이 놀이에서 노끈의 높이를 60cm 정도로 낮추고 손 대신 발을 사용해 보는 것도 재미있습니다.

엉덩이로 풍선을

준비물 : 풍선　**모둠 형태** : 4~6명으로 구성된 여러 무둠

두 모둠 사이에 풍선을 하나 놓아둡니다. 각 모둠 사람들은 각각 고유번호를 가지고 있는데 지도자가 번호를 부르면 그 번호에 해당되는 사람들이 뛰쳐나와 엉덩이로 풍선을 터트립니다. 이때 손이나 발은 사용할 수 없고 오직 엉덩이로만 터트려야 합니다. 이 놀이는 여러 모둠이 동시에 하도록 하되 풍선을 한 개 정도 부족하게 놓아두면 훨씬 격렬해집니다. 예를 들어, 네 모둠인 경우에는 중간 지점에 풍선을 세 개만 놓아두는 식입니다.

　이밖에 풍선을 가지고 하는 놀이는 '짝을 찾아라(1-027)', '풍선 안 보물(1-028)', '풍선 속의 짝 찾기(1-029)', '풍선 안 속담 찾기(1-030)' 가 있습니다.

눈을 가리고 하는 놀이로는 '풍선 속의 짝 찾기(1-029)', '빨래 널기(1-043)', '꿩 먹고 알 먹고(1-047)', '다리 더듬기(1-053)', '지뢰밭 통과(1-150)', '눈 가리고 풍선 터트리기(1-152)'가 있습니다.

풍선 뚱보

준비물 : 풍선, 같은 크기의 커다란 옷(모둠 수만큼)　　**모둠 형태** : 4~6명으로 구성된 여러 모둠

모둠을 나누고 참가자 모두에게 풍선을 한 개씩 나누어 줍니다. 각 모둠에서 한 사람씩 나와 뚱보 옷을 입도록 합니다. 시작이 되면 사람들은 풍선을 불어 5분 안에 뚱보 옷에 가득 채워 넣어서 가장 뚱뚱한 사람을 만들어봅시다. 마지막으로 각 모둠에서 한 사람씩 나와서 바늘로 풍선을 하나씩 터트리며 풍선 수를 세어봅시다.

콩 · 바둑알 **놀이**

검정콩 나르기

준비물 : 접시, 콩, 빨대 **모둠 형태 :** 5~8명으로 구성된 여러 모둠

참가자들은 빨대를 들고 테이블 주변에 앉거나 서 있습니다. 테이블의 중앙에 넓적한 접시를 두고 그 위에 검정콩을 한줌가량 쏟아 놓습니다. 각자는 자기 앞에 음료수 컵을 하나씩 놓아두고 시작이 되면 빨대를 물고 숨을 들이켜 콩을 자신의 컵으로 옮기도록 합니다. 정해진 시간(2~3분 정도)에 어느 모둠이 가장 많은 콩을 옮기는지를 겨뤄봅시다.

202

홀짝

준비물 : 콩 **모둠 형태** : 전체

각 사람에게 콩이 20개 들어 있는 봉투를 한 장씩 나누어 줍니다. 시작이 되면 사람들은 봉투에서 콩을 몇 개 꺼내 주먹에 쥐고 다니다가 마주친 사람과한 번씩 주고받으며 주먹 안에 들어 있는 콩의 개수가 홀수인지 짝수인지를내기하여 맞히면 내기를 건 만큼 주고받습니다. 이렇게 하여 가장 많은 콩을모은 사람이 누구인지 알아봅시다.

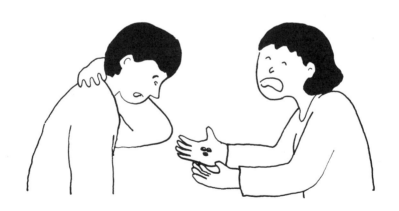

1-158

땅콩 굴리기

준비물 : 땅콩(삶은 달걀, 감자 등) **모둠 형태 :** 5~8명으로 구성된 여러 모둠

2~4모둠으로 나누고 출발선에 정렬합니다. 모둠별로 땅콩을 한 개씩 나누어 줍니다. 각 모둠에서 한 사람씩 나와 코, 턱 또는 이마를 사용해 땅콩을 굴려서 반환점을 돌아 다음 사람에게 연결해 줍니다. 땅콩 대신 삶은 달걀이나 감자, 호박 등도 활용할 수 있지요. 만약에 조금 더 큰 물건으로 놀이를 하고 싶을 때는 이마 등은 사용하지 못하게 하고 코로 굴려서 운반하도록 하면 더욱 재미있습니다.

포도 받아먹기

준비물 : 포도 **모둠 형태** : 5~8명으로 구성된 여러 모둠

두 모둠으로 나누고 출발선에 정렬합니다. 각 모둠에서 한 사람씩 나와 출발선에서 3m 정도 떨어진 곳에 포도송이를 들고 서 있도록 합니다. 그 사람은 그 자리에서 출발선에 선 자기 모둠원이 입으로 포도를 잘 받아먹을 수 있도록 던져야 합니다. 포도를 받아먹은 사람은 열 뒤쪽으로 가고 다음 사람이 포도를 받아먹습니다. 이렇게 하여 어느 모둠이 가장 먼저 마치는지 겨뤄봅시다. 이 놀이는 땅콩을 사용해도 좋습니다.

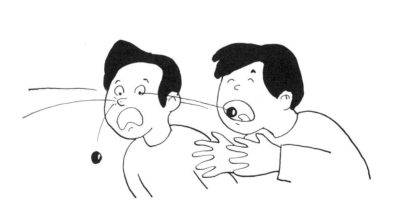

1-160

건포도 축제

준비물 : 건포도와 이쑤시개(인원수만큼)   **모둠 형태 :** 5~8명으로 구성된 여러 모둠

모둠을 나누어서 일렬로 정렬합니다. 각 모둠에게 종이컵과 이쑤시개를 인원 수만큼 나누어 줍니다. 시작이 되면 첫 번째 주자는 자기 컵에 들어 있는 건 포도 다섯 개를 입에 물고 있는 이쑤시개로 꽂아 다음 사람의 컵에다 옮겨놓 습니다. 이렇게 하여 어느 모둠이 건포도 다섯 개를 가장 먼저 마지막 사람에 게 모두 옮기는지 겨뤄봅시다.

팝콘

준비물 : 팝콘 **모둠 형태 :** 5~8명으로 구성된 여러 모둠

각 모둠에서 입이 가장 크다고 생각하는 사람 한 사람씩 나오도록 합니다. 그리고 그들에게 맛있는 팝콘을 담은 그릇을 하나씩 나누어 줍니다. 시작이 되면 사람들은 팝콘을 깨물어 먹지 말고 가능한 한 많이 입 속으로 집어넣도록 합니다. 입은 다물지 않아도 되는데 누가 가장 많은 팝콘을 입에 집어넣는지 겨뤄봅시다.

바둑알을 찾아라

준비물 : 바둑알　**모둠 형태** : 5~10명으로 구성된 두 모둠

두 모둠으로 나누고 흑, 백을 정합니다. 흑을 잡은 모둠에게는 인원수만큼의 검은 바둑알을 나누어 주고, 백을 잡은 모둠에게도 같은 수의 흰 바둑알을 나누어 줍니다. 그런 다음 모둠별로 은밀히 모여서 바둑알들을 어떻게 숨겨야 할 것인지 의논하고 상대 모둠 몰래 바둑알을 몸에 감추세요. 한 사람 몸에 모두 숨기거나 각자 하나씩 숨겨도 무방합니다. 시작이 되면 사람들은 상대 모둠 사람들에게 달려가 몸을 샅샅이 뒤져서 바둑알을 찾아내도록 합니다. 정해진 시간 내에 어느 모둠이 많이 찾아냈는지 알아봅시다. 같은 방식으로 여러 번 반복할 수 있으며 옷이나 몸속에 감추지 않고 모임장소에 감추고 찾도록 할 수도 있습니다.

땅콩 주워 담기

준비물 : 땅콩, 컵과 숟가락(모둠 수만큼) **모둠 형태 :** 6~8명으로 구성된 여러 모둠

각 모둠에서 두 사람씩 나와 한 사람에게 길쭉한 컵과 숟가락을 한 개씩 나누어 준 다음 왼손으로는 머리 위에 얹어 놓은 컵을 잡고 오른손으로는 숟가락을 쥐도록 합니다. 다른 사람에게는 거울을 한 개씩 나누어 줍니다. 시작이 되면 숟가락으로 쟁반에 들어있는 땅콩을 퍼서 거울을 보고 머리 위에 놓인 컵에 붓습니다. 간단해 보이지만 생각만큼 쉽지 않답니다.

콩 나르기

준비물 : 콩, 종이컵과 젓가락(인원수만큼) **모둠 형태** : 3~5명으로 구성된 여러 모둠

모둠별로 정렬하고 종이컵과 젓가락을 한 개씩 나누어 줍니다. 지도자는 각 열 첫 번째 사람이 들고 있는 컵에 콩을 10개씩 넣어줍니다. 시작이 되면 젓 가락으로 콩을 집어서 옆 사람의 컵에 옮겨 넣습니다. 땅에 떨어지면 자기 컵 에 주워 넣고 다시 하세요. 이렇게 해서 마지막 사람의 컵에 가장 먼저 콩을 모두 옮긴 모둠이 어디인지 겨뤄봅시다.

이 외에도 콩으로 하는 놀이는 '발가락으로 콩 줍기' 가 있습니다.

Chapter 10

종이와 연필로
하는 놀이

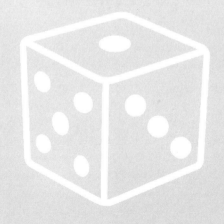

문장 만들기

준비물 : 필기도구(인원수만큼) **모둠 형태 :** 전체

참가자 모두에게 쪽지를 세 장씩 나누어 주고, 쪽지마다 아무 단어나 한 개씩 적도록 합니다. 지도자는 이를 다시 거둬들인 다음, 종이상자에 넣어서 섞어 주세요. 그리고 다시 사람들이 쪽지 세 장을 집어내도록 합니다. 어떤 단어를 가지게 될지 아무도 모르지요. 사람들에게 자기가 가진 세 가지 단어로 20단어 이내의 문장을 만들어 보도록 합니다. 전혀 다른 세 단어를 조합하여 그럴 싸한 문장을 지어내는 것은 쉬운 일이 아니지요. 하지만 그레도 사람들은 기발하고, 엉뚱하고, 재미있는 문장들을 만들어 낼 것입니다. 이를 돌아가며 읽다 보면 웃음이 절로 나옵니다.

잃어버린 편지

준비물 : 편지봉투 **모둠 형태 :** 전체

수건돌리기 놀이와 같습니다. 참가자들을 둘러앉힌 다음 지도자가 한 번 접은 작은 편지봉투를 들고 원 밖을 돌아다니면서 이렇게 말합니다. "어제 친구한테 쓴 편지가 어디에 있지? 어디에 있지?" 하고 돌아다니다가 한 어린이의 등 뒤에 편지봉투를 살짝 놓아두고는 시치미를 뚝 떼고 걸어갑니다. 사람들은 뒤를 돌아볼 수 없으므로 손으로 더듬대다가 봉투를 찾으면 집어 들고 술래를 쫓아가서 붙잡도록 합니다. 술래는 빈 자리로 돌아가서 앉으면 됩니다. 술래를 잡지 못한 사람은 술래가 되어서 "어제 친구한테 쓴 편지가 어디에 있지? 어디에 있지?" 하고 중얼거리면서 다시 시작합니다.

213

엉망진창

준비물 : 필기도구 **모둠 형태** : 전체

참가자 전원에게 연필과 쪽지를 여러 장 나누어 줍니다. 두 모둠으로 나누고 한 모둠은 지도자가 읽는 질문을, 다른 모둠은 그 질문에 대한 나름대로의 의견을 적도록 합니다. 예를 들면 지도자가 "만일 내가 개울가에서 목욕을 하다가 벗어놓은 옷이 몽땅 떠내려가버렸다면?" 하고 말하면 한 모둠은 그 말을 그대로 쪽지에 적고 다른 모둠은 그 문제에 대한 생각을 쪽지에 적습니다. 이런 질문들을 서너 가지 더 한 다음에 질문을 적은 쪽지와 의견을 적은 쪽지를 따로 모아서 섞습니다. 그런 다음 양쪽에서 쪽지를 하나씩 꺼내 읽으면 정말 엉뚱한 대답들이 나와서 웃음바다가 될 것입니다.

취미가 무엇인가요

준비물 : 놀이용지 **모둠 형태 :** 전체

자기 취미를 소개하고 싶은 사람 중에서 세 명을 앞에 모십니다. 지도자는 이제 취미에 대해 여러 가지 질문을 할 텐데 자신의 취미에 대해 솔직하게 말해야 한다고 알려주세요. 그런 다음 잠시 동안 옆방으로 내보내고, 이들이 나가 있는 동안 지도자는 사람들에게 세 사람의 취미를 '입맞춤'으로 정하자고 합니다(이들의 진짜 취미가 무엇인지는 전혀 알 바가 아닙니다). 세 사람을 다시 불러 놓고 다음과 같은 질문을 해 보세요. 취미의 종류를 여러 가지로 정해 계속 해 보세요.

- 이 취미를 가르쳐 준 사람은 누구입니까?
- 언제부터 취미생활을 하게 되었습니까?
- 대개 어디서 합니까?
- 이 취미생활을 위해 특별히 교육받은 적이 있나요?
- 평소 어느 시간에 합니까?
- 취미활동을 하는 동안 특별히 입는 옷이 있습니까?
- 취미활동에 필요한 도구들은 어떤 것들이 있나요?

명탐정 수사

준비물 : 필기도구(인원수만큼) **모둠 형태** : 전체

둥글게 둘러앉은 다음 연필과 종이를 각각 하나씩 나누어 줍니다. 지도자는 미궁에 빠진 살인사건을 수사하겠다고 알려줍니다. 종이 맨 위쪽에 자기 이름을 적고 보이지 않도록 접어서 옆 사람에게 넘겨주면, 두 번째로 지도자가 읽어주는 내용에 따라 기록하고 접어서 옆 사람에게 다시 돌립니다. 이렇게 듣고 쓰고 접어서 옆 사람에게 돌리는 작업을 여러 번 반복합니다.

사람들이 모두 작성하면 그 이름의 주인공이 쪽지를 펴서 크게 읽습니다. 엉뚱한 내용들이 나오겠지요.

지도자가 읽어주는 내용

- 이름과 시체가 발견된 장소
- 범인은 누구라고 생각하십니까?
- 범인이 사용한 살해 방법은 무엇이었습니까?
- 살해 동기가 무엇입니까?
- 배심원들의 견해는 어떠합니까?
- 판사는 어떤 판결을 내렸습니까?

구명보트

준비물 : 4절지(또는 신문지) 10장 **모둠 형태 :** 전체

4절 마분지(또는 신문지 반면 크기로 사용할 수 있습니다)를 10장 준비하여 1번에서 10번까지 번호를 크게 적어놓고 방바닥에 흩어 놓습니다. 참가자들이 중앙에 모여 서면 지도자는 다음과 같이 안내방송을 합니다. "승객 여러분 잘 들으십시오. 불행하게도 우리가 타고 있는 이 배는 암초에 부딪혀서 지금 가라앉고 있

습니다. 여러분은 신속하게 구명보트에 옮겨 타야 하는데 안타깝게도 그중 몇 척은 이미 부서져서 사용할 수가 없습니다. 제가 부르는 구명보트만 타야 하므로 잘 귀기울여 주셔서 어린이나 노약자부터 먼저 태워주시기를 부탁드립니다. 그리고 한 배에 여섯 명 이상 탈 수가 없습니다." 하는 식으로 안내방송을 그럴싸하게 전한 다음 1~10번 중 번호를 몇 개 부릅니다. 한 배에 여섯 명 이상 타지 못하므로 참가 인원수를 감안하여 적당한 수를 부릅니다. 지도자가 탑승인원을 수시로 많이, 또는 적게 다양하게 변화를 주면 훨씬 더 분주해질 것입니다. 예를 들어, 네 명씩 1, 3, 5, 6, 7, 9, 10 하고 외치면 바쁘기도 하려니와 혼돈스러워서 실수하는 사람들이 속출하게 되고 그만큼 재미도 더 해지겠지요.

그림 전달하기

준비물 : 필기도구(인원수만큼) **모둠 형태 :** 5~8명으로 구성된 여러 모둠

모둠별로 정렬합니다. 지도자는 모든 사람들에게 종이와 연필을 나누어 준
다음, 각 모둠의 맨 뒷사람에게 비교적 단순한 그림을 보여줍니다. 그 사람들
은 그림을 보고나서 이를 기억하여 자기 종이에 그리도록 하며, 그리기를 마
치면 앞 친구에게 자기가 그린 그림을 보여줍니다. 그림을 본 사람은 다시 자
기 종이에 그림을 그리고, 그 그림을 다시 앞 친구에게 보여줍니다. 이렇게 하
여 제일 앞에 있는 사람이 그림 그리기를 마치면 지도자는 처음에 자기가 보
여준 그림과 대조해 봅니다. 대부분 엉뚱하거나 요상한 그림으로 바뀌었을 것
입니다. 그래도 어느 모둠의 그림이 가장 비슷한지 알아봅시다.

칠판 대신에

준비물 : 필기도구 **모둠 형태** : 5~8명으로 구성된 여러 모둠

지도자는 각 모둠에서 맨 뒤에 앉은 사람들을 불러 메시지가 적힌 종이를 보여줍니다. 말하자면 '오줌싸개 우리 아기' 라고 적혀 있는 글을 보여주면 그 사람들은 제자리로 돌아가서 바로 앞사람의 등에다가 한 글자, 한 글자 써서 전달합니다. 이런 식으로 앞사람에게 계속 전달하여 맨 앞에 있는 사람은 종이에 그 내용을 적은 다음 손을 들어 "왔구나!" 하고 외칩니다. 지도자는 일단 마친 순서를 기억해두있다가 먼저 마친 모둠부터 알아봅니다. 생각밖에 엉뚱한 내용을 적은 사람들이 많이 나와서 더 재미있습니다. 더욱 혼란스럽게 하기 위해 '초콜릿 묻힌 초코파이' 라든가 '경찰청 철창살' 과 같은 식의 아리송한 문장을 사용해 보세요.

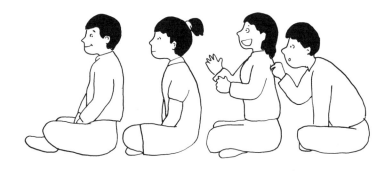

산수 공부

준비물 : 필기도구(인원수만큼) **모둠 형태 :** 10명으로 구성된 여러 모둠

10명씩 모둠을 나누고 모둠별로 각각 0번에서 9번까지 적은 종이를 가슴에 붙이도록 합니다. 지도자는 "3에 6을 곱한 숫자에 6을 빼고 다시 이 숫자를 4로 나눈 숫자는 무엇입니까?"라고 물으면 정답은 3이니까 각 모둠에서는 계산을 빨리 하여 숫자가 3번인 사람이 지도자에게로 달려 나옵니다. 가장 먼저 달려온 모둠이 점수를 얻게 되며 이와 같은 방법으로 계속 해 봅니다. 지도자는 단순한 산수가 아닌 재미있는 퀴즈를 낼 수도 있답니다. 여러 가지 숫

자가 나오게 할 수도 있습니다. 예를 들면 "1년은 며칠입니까?"라고 물으면 정답이 365이므로 각 모둠에서는 3번, 6번, 5번이 나와서 순서대로 정렬해야 겠지요. 한 모둠이 10명 미만인 경우에는 한 사람이 가슴과 등에 종이를 한 장씩 붙이고 하면 됩니다.

몸짓으로 알아맞히기

준비물 : 놀이용지 **모둠 형태 :** 5~8명으로 구성된 여러 모둠

모둠의 주장에게 속담이나 간단한 문장이 적힌 쪽지를 보여주면, 주장은 그 내용을 몸짓으로 자기 모둠 사람들에게 설명합니다. 모둠별로 교대로 진행하 며 빨리 맞힌 모둠이 1점을 얻습니다.

　예를 들면 '못된 송아지 엉덩이에 뿔난다', '쥐구멍에도 볕들 날 있다', '구 슬이 서 말이라도 꿰어야 보배다.' 등이 있다. 이밖에 가요나 동요를 알아맞 히도록 하는 것도 재미있지요.

가정 요리사

준비물 : 필기도구　**모둠 형태** : 5~6명으로 구성된 여러 모둠

5~6명씩 4~5개 모둠으로 나누고 참가자 모두에게 종이쪽지와 연필을 한 개씩 나누어 줍니다. 지도자가 음식이름을 부르면 사람들은 요리할 때 필요하다고 생각되는 재료를 한 가지씩 적도록 합니다. 이때 자기 모둠원에게 자기가 무엇을 썼는지 알려주어서는 안 됩니다. 또한 후춧가루, 소금, 설탕 등 양념류는 제외합니다. 재료를 적은 쪽지를 모둠별로 한 사람이 모으면, 서로 의논하고 적지 않았기 때문에, 일례로 '카레라이스'를 하는데 밥, 홍당무, 감자 등은 나왔는데 정작 카레를 적은 쪽지가 없는 경우도 나옵니다. 어쨌든 모둠 대표는 앞으로 나와서 재료를 한 장씩 설명하면서 가지고 있는 재료를 이용하여 재미있게 요리하도록 합니다. 이 놀이는 재료가 중요한 것이 아니라 재료를 가지고 어떻게 하면 재미있고 맛깔나게 입으로 요리하는가가 중요합니다.

1-176

그림으로 단어 알아맞히기

준비물 : 놀이용지 **모둠 형태 :** 5~8명으로 두 모둠을 구성

두 모둠으로 나누고 간격을 충분히 둔 상태에서 마주보고 정렬하면 지도자는 중간지점에 섭니다. 지도자는 미리 준비한 20가지의 단어와 간단한 문구를 적은 종이쪽지 두 장을 준비하여 각각 상자 속에 넣어둡니다. 시작이 되면 각 모둠에서 한 사람씩 지도자에게 달려가서 상자 속의 종이쪽지를 꺼내 읽고 그 쪽지를 다시 지도자에게 돌려준 다음 자기 모둠으로 달려가서 그림을 그려 단어를 설명합니다. 말을 하거나 손가락으로 글을 쓰면 안 됩니다. 한 모둠이 맞히면 같은 방법으로 계속 해 보세요.

형용사 알아맞히기

준비물 : 필기도구 **모둠 형태** : 5~8명으로 구성된 여러 모둠

참가자들을 2~4모둠으로 나누고 각 모둠에서 한 사람씩 나와서 지도자가 가지고 있는 쪽지를 한 장씩 뽑도록 합니다. 그 쪽지에는 형용사가 하나씩 적혀 있습니다. 쪽지를 받은 사람들은 자기 모둠으로 돌아가서 친구들에게만 보여 주도록 하십시오. 시작이 되면 한 모둠에서 한 사람이 나와 다른 모둠 사람들에게 몸짓으로 표현해 봅니다. 그러면 다른 모둠 사람들은 그 형용사가 무엇인지를 알아맞히는 것입니다. 정답을 맞힌 모둠이 점수를 가져가는 방식으로 모둠별로 돌아가면서 진행해 보십시오. 지도자가 미리 형용사를 준비해 둘 수도 있지만, 모둠별로 각자 정하도록 할 수도 있습니다.

1-178

아이고, 바쁘다

준비물 : 필기도구 **모둠 형태** : 10~15명으로 구성된 2모둠

두 모둠을 만들어 출발선에 정렬하고 방 끝에는 의자를 두 개 놓아둡니다. 그리고 의자 위에는 엉뚱한 내용이 한 가지씩 적혀있는 메모지가 인원수만큼 놓여 있습니다. 시작이 되면 첫 번째 사람들은 의자로 달려가서 쪽지를 확인하고 쪽지에 적혀있는 지시사항을 그 자리에서 실행합니다. 제자리로 돌아온 첫 번째 사람은 다시 두 번째 사람과 팔짱을 끼고 다시 의자로 달려가서 쪽지를 한 장 집어듭니다. 지시된 사항을 준수하고 돌아오면 다시 세 번째 사람이 합류하여 팔짱을 낀 채로 의자를 향해 달려갑니다. 결국 첫 번째 사람은 인원수만큼 계속 하게 되며 마지막 사람은 한 번만 하면 되지요.

지시문의 예

- 어깨로 부모님께서 정해 주신 가훈을 쓰십시오.
- 동요 '고드름' 을 예쁜 율동과 함께 큰 목소리로 부르십시오.
- 신발과 양말을 모두 벗어 버리십시오.
- 친구의 허리를 잡고 기차놀이를 하면서 출발점으로 돌아오는데 반드시 한쪽 발은 들고 깡충깡충 뛰어가야 합니다.

내 발바닥 곰 발바닥

준비물 : 여러 가지 색깔의 사인펜 **모둠 형태 :** 전체

남자와 여자 두 집단으로 나누고 서로 방 반대편에 서도록 합니다. 지도자들은 여자들이 남자들을 보지 못하도록 벽을 보고 서 있는 동안 남자들의 신발과 양말을 벗겨서 발바닥에 빨강, 파랑, 노랑, 초록, 검정 사인펜으로 동그란 원을 그립니다. 그런 다음 다시 양말과 신발을 신도록 하고, 이번에는 여자 쪽으로 가서 각각 색깔을 정해주고 사인펜을 나누어 줍니다. 시작이 되면 여자들은 남자의 신발과 양말을 마구잡이로 벗겨서 색깔을 확인합니다. 자기 색깔이 확인되면 그 여자는 남자의 발바닥

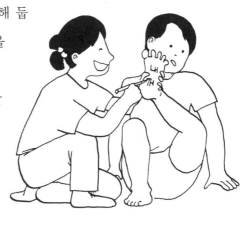

에 "내꺼"라고 적고 사인까지 해 둡니다. 남자들은 여자가 양말을 벗길 때 도망갈 수 있으나 일단 잡히면 그 자리에서는 저항할 수 없으며, 벗은 양말은 다시 신어서 남들이 알지 못하도록 감추는데, 이미 들통난 사람들도 양말을 신어야 합니다.

이름 맞히기

준비물 : 놀이용지, 필기도구(인원수만큼) **모둠 형태** : 전체

참가자 전원에게 인쇄된 용지를 한 장씩 나누어 준 다음, 5~7분 동안 시간을 주고 ㄴ, ㅇ, ㅈ, ㄱ, ㅂ으로 시작되는 음식 이름, 새 이름 등을 기록하여 25칸을 모두 채우도록 합니다. 시간이 되면 지도자는 기록을 중지시키고 문제지를 자기 자신이 직접 채점하도록 합니다. 채점 방법은 빈칸은 0점, 자기 외에 다른 사람이 기록한 이름은 1점, 자기만 적은 이름은 2점입니다. 만점은 50점인데 그렇게 채점해서 가장 많은 점수를 얻은 사람이 누구인지 알아봅시다.

유언비어

준비물 : 필기도구 **모둠 형태 :** 5~8명으로 구성된 여러 모둠

2~4모둠으로 나눈 다음 모둠별로 정렬합니다. 주장을 한 사람씩 불러내어 옆방에서 40~50자 정도 되는 문장을 읽도록 한 다음 돌아가서 뒷사람에게 쪽지의 내용을 전달합니다. 이야기를 전해들은 사람은 다시 뒷사람에게 전달합니다. 이런 식으로 마지막 사람까지 마치면 마지막 사람이 앞으로 나와 발표하도록 하여 얼마나 정확하게 전달됐는지 확인해 보세요. 전혀 엉뚱한 내용으로 뒤바뀐 경우도 있을 거예요.

눈싸움

준비물 : 신문지 **모둠 형태 :** 6~15명으로 구성된 두 모둠

두 모둠으로 나눈 다음 방 중앙에 등받이를 맞대어 놓는 식으로 의자를 정렬하여 경계선을 만들어 놓고 양 진영을 한 모둠씩 차지합니다. 각 모둠에 헌 신문지를 충분히 나누어 주고 5분 동안 신문지를 찢어서 종이뭉치를 만들도록 합니다. 신호가 울리면 종이뭉치로 눈싸움 하듯이 상대 모둠 사람들을 맞힙니다. 지도자는 적당한 시기에 중지시키고 어느 모둠 진영에 종이뭉치가 적게 널려 있는지 알아봅시다. 종이에 위험한 물건을 집어넣지 않도록 하며 안경 쓴 사람이 다치지 않도록 해야 합니다. 마지막에는 규격이 같은 비닐봉지를 주고 어느 모둠이 종이뭉치를 먼저 채우는지를 겨룰 수도 있습니다.

Chapter 11

탁구공으로
즐기는 놀이

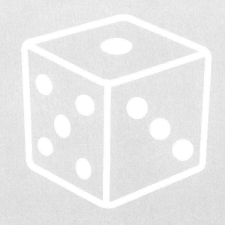

당나귀 꼬리

준비물 : 빗자루와 탁구공(모둠 수만큼) **모둠 형태** : 5~8명으로 구성된 여러 모둠

4~8명씩 모둠을 나누어서 출발선에 정렬합니다. 첫 번째 사람은 마치 빗자루 모양의 꼬리를 단 것처럼 빗자루를 등에 대고 노끈으로 단단히 묶습니다. 시작이 되면 출발선에 놓여있는 탁구공을 등 뒤에 붙어있는 빗자루로 쓸어서 반환점을 돌아옵니다.

중국식 탁구

준비물 : 탁구대, 탁구공, 라켓 2개 **모둠 형태** : 전체

10명 이하의 사람이 탁구대 주위에 둘러섭니다. 두 사람이 정식 탁구와 같은
방식으로 서브하고 받는데 한번 친 사람이 탁구 라켓을 탁구대에 놓아두면
그 다음 사람이 공을 주고 받다가 공이 네트에 걸리거나 아웃이 되면 그 사람
은 탈락하게 됩니다. 이렇게 하여 마지막 한 사람이 남을 때까지 계속 해 봅
시다.

탁구공 옮기기

준비물 : 빈 병 2개, 탁구공(모둠 수만큼) **모둠 형태 :** 5~8명으로 구성된 여러 모둠

2~4모둠으로 나누고 출발선에 정렬합니다. 반환점에는 모둠당 빈 병을 두 개씩 놓아두고 그중 한 개의 병 입구에 탁구공을 얹어 놓습니다. 시작이 되면 선수들은 반환점으로 달려가서 탁구공이 얹혀있는 병을 들어 손을 대지 않고 다른 빈 병에 탁구공을 옮겨놓고 돌아와 다음 사람과 교대합니다. 탁구공을 떨어뜨리면 공을 주워서 얹어놓고 다시 하십시오.

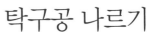

탁구공 나르기

준비물 : 탁구공과 숟가락(모둠 수만큼)   **모둠 형태 :** 5~8명으로 구성된 여러 모둠

모둠별로 숟가락과 탁구공을 한 개씩 나누어 줍니다. 시작이 되면 숟가락 위에 탁구공을 얹고 반환점을 돌아옵니다. 숟가락은 끝을 잡도록 하고 탁구공을 떨어뜨리면 그 지점에서 다시 얹은 다음 달리는데 손은 사용할 수 없습니다.

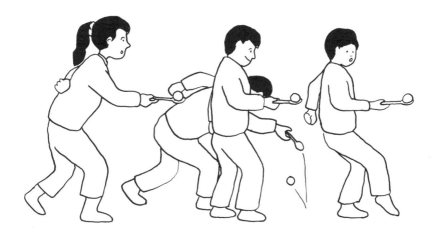

입으로 하는 축구

준비물 : 탁구공 **모둠 형태** : 3~5명으로 구성된 여러 모둠

두 모둠으로 나누어서 큰 테이블에 교대로 앉도록 한 다음 원 중앙에 탁구공을 놓습니다. 시작이 되면 사람들은 일제히 입으로 바람을 불어 탁구공을 상대방 쪽으로 몹니다. 입 외에 손이나 머리 등 몸을 일체 사용할 수 없으며 자리를 이동해서도 안 됩니다. 손으로 테이블을 잡을 수 없으므로 뒷짐을 지도록 하는 것이 좋습니다. 테이블의 긴 면으로 공이 떨어지면 떨어진 자리에서 주워 다시 시작하세요. 상대방의 탁구대 끝 쪽으로 공을 떨어뜨린 모둠이 1점을 얻습니다.

꽈리 옮기기

준비물 : 종이컵, 꽈리(또는 탁구공), 빨대(인원수만큼)
모둠 형태 : 5~10명으로 구성된 여러 모둠

종이컵과 빨대를 사람들에게 한 개씩 나누어 줍니다. 빨대를 입에 물고 종이컵을 두 손으로 든 채 모둠별로 나란히 정렬합니다. 지도자는 첫 번째 사람이 들고 있는 컵에 꽈리를 한 개씩 넣어줍니다. 시작이 되면 숨을 들이켜서 빨대로 꽈리를 들어 올리는데 땅에 떨어뜨리면 컵에 넣고 다시 합니다. 이런 식으로 어느 모둠이 맨 마지막 사람까지 꽈리를 가장 먼저 전달하는지 겨뤄봅시다. 탁구공도 사용할 수 있는데 이때는 직경이 큰 빨대를 준비하기 바랍니다.

237

1-189

바람 부는 대로

준비물 : 탁구공(모둠 수만큼) **모둠 형태 :** 5~8명으로 구성된 여러 모둠

탁구공을 출발선에 놓습니다. 시작이 되면 몸을 낮춰 입김으로 탁구공을 굴려서 반환점을 돌아와 다음 사람과 교대합니다. 부채로 바람을 일으켜 탁구공을 굴려 반환점을 돌아올 수도 있습니다.

Chapter 12

동전으로
즐기는 놀이

1-190

동전이 어디 있나요?

준비물 : 동전 **모둠 형태** : 전체

참가자들은 테이블 주위에 둘러앉고 술래를 한 명 정합니다. 참가자들은 양 옆 사람과 손을 잡고 술래 몰래 500원짜리 동전을 옆 사람에게 전달합니다. 술래는 아무 때나 "동작 그만!"을 외칠 수 있는데, 이때 술래를 제외한 모든 사람은 동전 전달을 멈춘 채 술래가 잘 볼 수 있도록 양손을 번쩍 들어서 올립니다. 그러면 술래는 동전을 갖고 있는 사람을 알아맞히는데 술래에게 지목받은 사람이 주먹을 펴서 보여주어 틀리면 계속하고, 걸리면 술래가 바뀌게 됩니다. 동전을 2~3개 동시에 사용할 수도 있습니다.

날아다니는 동전

준비물 : 100원짜리 동전 2~3개 **모둠 형태 :** 전체

모두 둥글게 둘러앉고 술래 한 사람이 원 안으로 들어갑니다. 술래가 잠시 눈을 감고 있는 동안 동전을 한 개 또는 두 개 꺼내서 건네주고 술래가 눈치 채지 못하도록 손 안에 감춥니다. 술래가 눈을 뜨면 놀이는 시작되는데 동전을 들고 있는 사람은 술래가 보지 못하도록 하면서 동전을 옆 사람에게 계속 전달합니다. 동전을 가지고 있지 않은 사람들도 마치 자기가 동전을 갖고 있는 것처럼 속이는 동작을 합니다. 처음에는 조심스럽게 하던 사람들이 동전을 술래 머리 위로 날려서 반대편 사람에게 전달하는 과감한 장면이 나옵니다. 술래가 세 번의 기회를 모두 맞히지 못하면 벌을 주세요. 술래가 동전을 들고 있는 사람을 맞히면 잡힌 사람이 새 술래가 됩니다. 인원수에 따라 동전을 더 사용할 수도 있습니다.

1-192

거스름 돈

준비물 : 여러 가지 동전 **모둠 형태** : 5~8명으로 구성된 여러 모둠

여러 모둠을 구성하여 모둠별로 가지고 있는 동전을 모두 꺼내도록 합니다. 돈을 정확히 세어 가져오도록 하는데, 예를 들면 지도자는 다음과 같이 지시합니다. "동전 9개로 930원을 만들어 오십시오." 하면 서로 의논하여 빨리 가져오는 모둠이 이깁니다. 정답은 10원짜리 동전 3개, 50원짜리 동전 2개, 100원짜리 동전 3개, 500원짜리 동전 1개입니다. 이와 같은 방식으로 계속하여 즐겨보십시오.

놀이하는 지혜 10가지

○ 놀이하는 지혜 1

모임을 시작할 때 하는 여는 놀이는 누구나 쉽게 하면서 즐길 수 있는 것이 좋습니다. 참가자들이 놀이를 즐길 수 있도록 도와주어야지 가르쳐서는 안 됩니다. 놀이지도자는 간단명료하게 설명하고 그들이 놀이에 쉽게 빠져들 수 있도록 도와주십시오.

○ 놀이하는 지혜 2

다른 사람을 놀려 줄 수 있는 사람은 아무도 없습니다. 놀이는 스스로 하는 사람만이 즐길 수 있습니다. 그러므로 놀이지도자의 역할은 사람들을 놀려주는 데 있는 것이 아닙니다. 지도자는 놀이터와 놀이거리를 제공해주고 그들이 스스로 즐기는 가운데 함께하는 동반자입니다.

○ 놀이하는 지혜 3

건강한 웃음은 다른 사람을 행복하고 편안하게 해줍니다. 놀이를 즐기면서 사람들은 서로 기뻐하고, 격려하고, 지지하고, 수용하고, 나누고, 돌보는 가운데 건강한 웃음을 짓게 됩니다. 다른 사람의 외모, 버릇, 약점을 비꼬는 것으로 웃음거리를 삼아서는 안 됩니다. 그것은 바로 비웃음인 것이지요. 놀이지도자는 언제나 긍정적인 웃음에 민감하고 그런 행복한 웃음을 나눌 수 있는 지혜를 갖추어야 합니다.

○ **놀이하는 지혜 4**

참된 놀이는 진솔한 만남, 사귐, 나눔, 섬김, 돌봄으로 사람들을 이끌어줍니다. 즐거웠던 일들은 오랜 세월이 지난 후에도 늘 행복한 추억으로 남아있습니다. 그 추억들은 그때 그 자리에서 함께 했던 사람들과 나누었던 이야기들일 것입니다. 어떤 놀이를 했는가는 그리 중요하지 않습니다. 놀이지도자는 참가자 개개인에 관심을 두고 그들이 진솔한 인간관계를 이룰 수 있도록 도와주세요.

○ **놀이하는 지혜 5**

우리나라 교육은 개인을 독립된 인격체로 존중하지 않고 치열한 경쟁으로 줄세우기 하는 잘못을 저지르고 있습니다. 이러한 비인격적인 경쟁은 놀이에서도 그대로 재현되고 있습니다. 사람들은 경쟁하지 않고도 놀 수 있다는 사실을 상상조차 하지 못합니다. 그만큼 우리는 경쟁적인 문화에 젖어 살고 있는 것입니다. 경쟁은 놀이의 조건이지 결과물이 되어서는 안 됩니다. 경쟁을 하더라도 결과에 대해 보상을 하거나 점수화 하지 않는다면 사람들은 경쟁에서 자유로울 수 있습니다. 치열한 경쟁도 규칙을 잘 지키면서 하게 되면 그 안에서 따스한 만남과 사귐이 이루어지고 협동이 가능해집니다.

○ **놀이하는 지혜 6**

놀이규칙은 일관성 있고 엄격하게 지켜야 합니다. 놀이를 하다가 어느 한 사람(모둠)이 너무 기울면 은근슬쩍 봐줄 때가 있습니다. 그때의 기분이 어땠는지, 또 그런 배려가 실제로 도움이 되었는지를 돌이켜보면 그리 유쾌한 기분이 들지 않을 것입니다. 참가자들이 규칙을 공유하고 준수하면서 놀이를 즐기면 승패와 무관하게 모두 즐겁고 행복한 시간을 가질 수 있습니다.

○ 놀이하는 지혜 7

놀이에서는 결과보다 과정이 더 중요합니다. 놀이에는 시나리오가 없어서 같은 사람들이 같은 놀이를 다시 하더라도 매번 다릅니다. 놀이 자체가 목적이므로 애초부터 결과는 그리 중요하지 않습니다. 그러므로 놀이를 하면서 가지는 느낌과 경험, 그리고 인간관계에 보다 세심한 관심을 기울일 필요가 있습니다.

○ 놀이하는 지혜 8

놀이는 어린이의 마음을 가진 사람들만이 즐길 수 있습니다. 나이가 들어갈수록 놀지 못하는 이유가 여기에 있습니다. 어른이 어린이가 되어야지 어린이에게 어른이 되라고는 할 수 없는 일입니다. 따라서 놀이지도자는 어린이가 되고자 하는 마음가짐이 필요합니다.

○ 놀이하는 지혜 9

어린 시절에 우리는 돌, 나뭇가지와 같은 자연물을 가지고 놀잇감을 만들어 놀았습니다. 요즘과 달리 돈이 없어서 놀지 못한 적이 없습니다. 산, 들, 바다, 그리고 골목 등 집만 나서면 온 세상이 놀이터였으며 거기서 친구들과 어울려 뛰어놀았습니다. 놀이는 단순하고 소박해야 합니다. 환경이 화려하고 놀잇감이 복잡하고 비싼 만큼 사람들은 가려지게 됩니다.

○ **놀이하는 지혜 10**

우리가 어린 시절 친구들과 놀았을 때는 어른들이 없었습니다. 만일 그 자리에 어른이 끼어들어서 놀이규칙을 일일이 알려주고 지도하고 심판을 보았다면 얼마나 불행했겠습니까? 우리는 다투거나 삐치기도 하고, 문제가 발생하면 타협하거나 화해하면서 놀이를 이어갔습니다. 그 안에는 공유하는 규칙이 있었으며 서로에게 긍정적인 영향을 미치는 지도력이 자리하고 있었습니다.